U0063134

藝書房
21

犬儒圖

當代形象評論集

出版・發行／萬象圖書股份有限公司

作者／路況

發行人／林維青

編輯／龍傑娣

法律顧問／永然法律事務所　李永然律師

地址／台北市南京東路三段 270 號 9 樓 A 室

電話／(02)7781886

傳真／(02)7788248

郵撥帳號／15806765

訂書專線／(02)7192088

登記證／新聞局局版台業第四九一四號

✓初版一刷／1996 年 5 月

定價／150 元

版權所有・翻印必究

本書如有裝訂錯誤或破損缺頁請寄回更換

I S B N／957-669-816-2

當代形象評論集　路況◎著

目　次

時間的魅影

■從 1995 年開始，彷彿無可挽回的進入一個哀悼傷逝的年代。許多「朋友」，親識的或神交的，熟悉的或不熟悉的，喜歡的或不喜歡的，相干的或不相干的，一下子都不約而同的紛紛遠去。一個純屬巧合的歷史偶然，却為我們揭示出一種邏輯必然般的無限遺憾，所有的「朋友」作為一個「故人」與「古人」的必然遺憾。德希達在某個地方說過，真正的「知性友誼」在本質上總已經是一種「尚友古人」般的憑弔追念，真正知心的「朋友」總已經是一個陰陽睽違的「故人」，一個「蕭條異代」的「幽靈」。

□我在巴黎十五區的寓所，窗前整天都是鴿子咕咕的低鳴與拍拍的振翅聲，彷彿會直接飛進無日無夜的夢裏。我想起許多年前讀司馬中原與段彩華的鄉野傳奇小說，也總是滿紙的煙雲鳥叫與飄動的鳥羽。段彩華的〈塞上打雁〉寫道：

> 我又向天上望去。…天和風都很清爽，雲朵也是乾淨的
> ……離開前隊(雁)有兩尺遠，後面並排飛著兩隻。叫聲就是

牠們發出來的。聽起來令人鼻酸，想起曠野裏有許多孤墳。

我想起自己許多年前寫的一首小詩〈夜車〉：

> 許多人奔馳在朦朧的夢野上
> 你底窗靜置於深明的燈影裏
> 星火迢遙的樓外還有河漢微茫的城
> 許多朦朧的側影滑過你深明底窗前

■想起曠野裏有許多孤墳，許多朦朧的側影滑過你深明底窗前。尼采在某個地方說過：「當我們強烈的改變自己，我們未改變的朋友就變成我們自己過去的幽靈。他們的聲音以一種極度鬼魅的方式傳來，彷彿我們是在傾聽我們自己的聲音，但更年輕，更難以忍受，更不成熟。」問題是，怎樣才算是真正的改變與成熟呢？如果什麼也沒有改變，從來也沒有真正成熟過，那末，過去的自己豈不更是一個終日遲遲恍惚的幽靈魅影，不見得更年輕，但必然更不成熟，更難以忍受。於是，過去的「朋友」在紛紛遠去的瞬間同時又突然回來了，成為縈迴不去的「故人」。自己的幽靈，朋友的幽靈，魂來楓林青，魂返關塞黑，交織成這個魅影幢幢，哀悼傷逝的年代。

　　□這樣的「增長」似乎也與真正的改變成熟沒什麼必然的關聯，那又意味著什麼呢？《水滸傳》作者施耐庵寫道：「每怪人言，某甲於今若干歲。夫若干者，積而有之之謂。今其歲積在何許？可取而數之否？可見已往之吾悉已變滅。不寧如是，吾書至此句，此句以前已疾變滅，是以可痛也。」是的，唯一可以確定的就是自己在時間中不斷「變滅」，一切都在不斷成為「過去」。張愛玲也講：

「有一天我們的文明不論是昇華還是浮華，都要成為過去。若我的小說經常出現『荒涼』，那是因為思想背景裏有這惘惘的威脅。」時間其實並沒有什麼奧義，無非就是一種不斷在成為「過去」的日常感覺。逝者如斯，不舍晝夜。然而，就是這日常感覺的惘惘威脅，這不舍晝夜的逝者如斯，帶走了我們每一瞬間的「自己」，帶走了我們所有的「朋友」，然後又在每一瞬間以幽靈魅影的形式把「他們」送回來，把「我們」自己送回來。魂來楓林青，魂返關塞黑。時間是一部製造幽靈魅影的機器，使我們在每一瞬間成為自己的幽靈魅影。更好說，時間本身就是一個最不可思議的幽靈中的幽靈。德勒茲在某個地方說過，一切都在時間中變滅，時間的形式本身却是不變的，一個與「現在」並存的純粹的「過去」，純粹空洞的形式，永恆再現的幽靈魅影，使每一個「現在」不斷成為「過去」。施耐庵講：「朝日初出，蒼蒼涼涼」，這蒼蒼涼涼的朝日就是時間的形式本身，就是時間空洞的魅影。這也就是張愛玲講的惘惘威脅的「荒涼」：「人是生活在一個時代裏的，可是這時代却在影子似地沈沒下去。」

　　■在這個影子似沈沒下去的時代，張愛玲寫道：「人覺得自己是被抛棄了。為要證實自己的存在，抓住一點真實的，最基本的東西，不能不求助於古老的記憶。」這古老的記憶無非是過去時代的魅影，這最基本真實的東西無非是最後一點殘餘的自我。過去時代的魅影已成今日浮泛流行的懷舊復古，最後一點殘餘的自我也只能求之於反覆自溺自戀的鏡像。在巴黎有一次和一位年輕女小說家閒聊。她說她非常喜歡朱天文的《荒人手記》。我說，長篇的《荒人手記》反不及短篇的〈世紀末的華麗〉，雖然更精緻堆砌，華麗炫目。二者都是極度自戀的形式，但〈世紀末〉却多了一分自我調侃解嘲的弔詭觀照，像愛麗絲夢遊仙境的表面鏡像遊戲，所

以有一種奇異幽默的自我轉化。《荒人》則完全缺乏幽默感，只是在自戀的框框中一味的強作悲壯，自憐自溺。年輕女小說家詫異道：我從來沒想過自戀也可以成為一個批評的對象。(事後想起，她當時詫異的程度，好像我是在批評一個人為什麼要吃飯睡覺，呼吸空氣。)我又提到德勒茲的一個講法：西方小說從中世紀的羅曼史到唐吉訶德到貝克特，都是在敍述一個人物如何一步步失去他的記憶，他的名字，他的自我。年輕女小說家說如果是那樣，她寧可死。沒想到一個多星期後，就聽到她殉情自殺的消息。該怎麼說呢？真的這麼不堪一擊？這最後一點殘餘的自我真的就是最基本真實的東西？在這影子似沈沒下去的時代，真的非要靠這點脆弱的鏡像才能存活下去？該如何繼續的說「我」或是再也不說「我」？德勒茲說，問題並不在於說不說「我」，而在於說不說「我」都無所謂。更好說，要把「我」當做一種第三人稱來使用。張愛玲的「我」算不算一種第二人稱呢？「仰著臉向著當頭的烈日，我覺得我是赤裸裸的站在天底下了，被裁判著像一切的惶惑的未成年的人，困於過度的自誇與自鄙。」

　　□朝日初出，蒼蒼涼涼。這個時代卻在影子似地沈沒下去。這個時代的精神，這個時代的形象，能不顯影為一縷縷的幽靈遊魂？這個時代的氛圍，能不魅影幢幢，鬼氣森然？如果從通俗的大眾文化到前衛的文學藝術，到處都是一片捕風捉影的鬼話連篇，那是因為日常生活的思想背景裏有著時間魅影的惘惘威脅。這惘惘的威脅使每個領域都籠罩在死亡終結的陰影中：文學死亡、哲學死亡、藝術死亡、電影死亡……，卻又無可無不可地存活下去。每種文化表現的精神形式都變成他自己的幽靈魅影，這整個影子似沈沒下去的時代更早已成為他自己的幽靈魅影。幽靈是最後一個殘餘的範疇，最後一種弔詭的存在形式，既非生，亦

非死，既無法存在，也無法不存在，既無法消失，也無法不消失，既無法顯影，也無法不顯影。如果說前現代是「神」的時代，現代是「人」的時代，後現代則是「鬼」的時代。「神」死了，「人」登場，「人」死了，當然是「鬼」登場。這並不是什麼直線時間的歷史分期，而是三種時間斷層切面的重疊交錯。在「神」的形象中早已充滿「人」的投影，而在「人」的形象背後也早已魅影幢幢。德希達所謂的「總已經是」，「總已經這樣」的解構邏輯，正是一種幽靈的邏輯，一種「總已經死了」的黑色幽默與白色幽默。每個時代總已經在影子似地沈沒下去，總已是一個哀悼傷逝的年代。施耐庵的時代，張愛玲的時代、新新人類的時代，我們的時代，也不管「施耐庵」存不存在，「張愛玲」存不存在，「新新人類」存不存在，「我們」存不存在？

　　■法國小說家莒哈絲的最後一本書叫 *c'est tout*，這就是全部，這就是一切。維根斯坦說：「知覺到世界為一有限的整體，就是奧秘。」其實也沒什麼奧秘。你在巴黎隨便哪一家麥當勞的櫃台前點完東西，年輕的服務員會慣例兩手交叉向外一划，問一句：c'est tout？全部就這樣嗎？你說：c'est tout。全部就是這樣。一個年輕女小說家寫道：「全部就是這樣了，到底是那一點值得看呢？」是的，全部就是這樣了，還有什麼可看的，還有什麼可說的呢？c'est tout！

　　□還有什麼可說的？如果最後全都死光了，如果所有的對象都變成幽靈魅影，還有什麼好說的，還有什麼好批評的？有的，既使變成鬼，仍有好鬼與壞鬼之分，更何況還有不少裝模作樣，人五人六的噁心鬼討厭鬼。原先我一直以為，他們已經死了，只是他們自己並不知道他們已經死了。所以只要有人出面點破他們：「趕緊消失吧！你們早已經玩完了，早已經沒什麼搞頭了。」

他們就會自動消失。我當然錯了。問題並不在於他們是否意識到自己是已經死了，而在於他們在潛意識裏根本就不願承認自己已經死了。他們並不是不知道自己已變成鬼的糊塗鬼，而是明知道自己成鬼，仍要裝的人五人六的噁心鬼。我想起曾看過一篇大陸小說，篇名就叫「至死也不說拉倒的話」。我知之矣，原來有些話是不能點破的，有些事不是一句拉倒就算了，死生事大矣，一點破一拉倒，就沒戲唱沒搞頭了。即使變成鬼，日子還是要混下去，戲還是要唱下去，即使是荒腔走板，肉麻無趣之至的爛戲。

　　■其實，即使變成鬼，也不見得就一定要演爛戲。幽靈鬼魂的力量也未嘗不可能蘊育形塑出新的人文形象，在「鬼」的時代中也可能開創出一個「新人」的時代。而在這影子似沈沒下去的時代氛圍中，「批判」可以是解咒除魅，驅魔避邪也可以，是招魂點鬼，哀悼傷逝。換言之，「批判」可以是解構一個對象，使一個現存的對象消失無形，也可以是再現一個對象，召回一個消逝的對象留影顯形，德勒茲在某個地方說過，所有的藝術，都是為了使不可見的時間成為可見。「批判」也可以是這樣一種「時間—影像」的藝術，即使所逼顯的也只是吉光片羽的時間魅影。魂來楓林青，魂返關塞黑，落月滿屋樑，猶疑照顏色。段彩華寫道：「一排雁影橫掠過天空，翅膀清楚得像從鏡子裏飛來。」張愛玲寫道：「在那不可解的喧囂中偶然也有清澄得使人心酸眼亮的一刹那。」這就是不可見的時間成為可見的時間魅影，這心酸眼亮的一刹那，這清楚得像從鏡子裏飛來的翅膀，使我們驚鴻一瞥一整個時代的形象，我們自己的形象。

輯壹

影像之後

影像之後

台灣電影啟示錄

面對影像，好作沈思狀者往往會如此認為：在可見的影像背後，必有某種不可見的微妙機制在運轉作用著，它框架出影像的透視視域與呈現方式，述說界定著影像的「陳述內容」，使影像不斷指涉、象徵著影像之外的「什麼」。對於影像的「深度」思考，就是要穿透影像可見的「表面」，揭露出影像背後不可見的運轉機制。

□

可是，如果連影像本身都消失了，又如何去進行穿透影像「表面」的「深度」思考？這正是思考台灣電影現況的尷尬之處。台灣電影正處於一個不可思議的「消失模式」(mode of disappearing)。

□

不知道是怎麼回事，也不知道從什麼時候開始，反正，當人們偶然回顧，才驚覺她早已芳影杳然。不要問為什麼，就如布西

亞所言，不要問歷史為什麼終結，正如同不要問一個女人為什麼
會離你而去。

□

　　不要問為什麼。但是人們還是會問，不是因為不死心，而是
因為習慣，僅僅是習慣而已。所以，當台灣電影低迷至谷底之際，
一系列名為「台灣電影年」的文化霸權爭逐也正方興未艾地展開。
台灣的電影論述活動已成為一個無需以電影為對象的「自主性領
域」，一個沒有電影的電影論述場域。

□

　　不要問為什麼，但是人們還是會習慣地追問。到底發生了什
麼——曾幾何時，所謂的「國片」竟已從觀眾影像經驗的記憶銀幕
上悄無聲息地「淡出」，簡直不留痕跡。偶有吉光片羽突兀閃過，
恍如強行插播的片段印象，則使觀眾慣性連續的影像經驗突然發
生奇異干擾的斷裂歧出，引發出某種擬似節慶儀式氛圍的「模像」
(simulacrum)——這就是從《悲情城市》、《牯嶺街少年殺人事件》
到《少年吔，安啦》、《青少年哪吒》等片，以電影為藉口，挾多媒
體合縱連橫造勢所炒作出來的獨特文化儀式。嚴格說來，它還夠
不上儀式的水平，比金馬獎更夠不上，卻偽裝模擬著儀式的嘉年
華氣息，使各媒體領域的區格打成一片：影像、小說、報導文學、
卡帶ＣＤ、熱門議題、社會公益……這套多媒體合縱連橫造勢的
炒作模式當然已超乎電影的範疇，它是小知識分子的小眾化集團
假借大眾文化的「想像秩序」(imaginary order)，所進行的一場
擬儀式性的文化霸權遊戲，一場對觀眾而言，比電影本身還要無
趣難看的形象遊戲。

□

　　《牯嶺街少年》是九〇年代少女漫畫式的新人類精神披上了六
〇年代外省移民經驗的迷彩幌子,《青少年哪吒》則是每況愈下的
新人類精神剝落了少女漫畫的色彩造型後,最赤裸、貧乏、無力
的淺薄投影。至於《少年吔》,則使《悲情城市》以來已成本土意識
象徵的台灣流氓原型,降格到一個不堪、不入流的雜碎形象。《少
年吔》是本土意識的迷幻化與終結化,一場莫名其妙,幾近惡搞、
肉麻無趣之至的叛逆自戀,卻在此間影評人的交相吹棒下,成為
一部在國際影展中為台灣「爭光」的本土意識力作。也許,《少年吔》
的最大貢獻就是使原來對台灣沒什麼印象的國際友人留下了「原
來台灣連流氓都這麼不入流」的難忘印象。

□

　　「動作—影像」(action-image)是構成一般電影的主要類
型。所謂「動作」,既是指人物肢體的「動作」,亦是指情節敘事的
「動作」。「動作—影像」就是一般所謂的「劇情片」,它的主要表現
方式則是透過蒙太奇剪接構成動態的敘事過程。動作總是以某個
「主體」作為「動作者」,所以,「動作—影像」的展現總是指向某個
「主體」之「自我形象」的塑造。此「自我形象」的具象化,就是滿足
各階層觀眾之憧憬想像的各種明星偶像。電影作為最名副其實的
「文化工業」與「夢幻工業」無非是一套透過各種情節動作的精采類
型以製造偶像,刺激消費認同的「明星工業」。

□

　　數年前台灣新電影的崛起,尤其是侯孝賢的寫實主義,則使
得「動作—影像」的形態產生了根本的轉化。「動作」的展現不再是
蒙太奇剪接的動態敘事過程,而是固定在某個「長鏡」或「景深」的

框架之中，成為靜態的抒情之姿；「動作」不再是情節發展的線索，而轉為一種散文化的情境「指標」。就電影作為一種「藝術」而言，這在當時是非常可喜的突破超越，但就電影作為一種「工業」而言，則國片已在新電影的轉化中不知不覺地走上絕路。以今日的後見之明來看，新電影的最大後遺症就是導演個人的「作者論」風格逐步抹消了電影原有的明星色彩，時至今日，竟然演變成台灣電影沒有明星的尷尬局面。電影畢竟是一種「明星工業」，沒有明星，當然要淪為奄奄一息的「夕陽工業」。(碩果僅存的林青霞則是一個例外的反諷象徵，因其再度走紅完全是依賴於香港電影工業在「動作—影像」上的突飛創新，和台灣電影完全無關。)台灣電影的危機可說是新電影耽溺於散文式的靜態格局所導致的「動作—影像」的貧血虛脫。於是，從《悲情城市》、《牯嶺街》到《少年吔》、《青少年哪吒》，我們看到的是一系列既無明星(或是向香港借明星)，也無劇情(連最起碼的故事情節都交代不清)，既不商業，也不藝術的令人莫名其妙的散文式的影像囈語。一旦面臨港片「動作—影像」的強勢衝擊，尤其是碰到徐克之流的「動作大師」所塑造的炫目動作奇觀，當然只有一敗塗地的份了。

□

　王童的《台灣人三部曲》是一片低迷衰颯中一個令人驚喜的例外。他不但沒有耽溺於新電影的靜態散文格局，而且還在新電影的清新風格與通俗劇情片之間找至了一個得體的平衡點，使「動作—影像」重新達到一種雅俗共賞的動人境界。更難能可貴的是，三部曲之三的《無言的山丘》，其「動作—影像」的塑造已從兩部的「小形式」格局轉換為「大形式」格局，成為一部當之無愧的台灣史詩電影。「大形式」與「小形式」之別在於「動作」與「情境」的關係。按照

德勒茲《電影》一書的說法,「大形式」的公式是「情境—動作—情境」(ＳＡＳ′)。「動作」是主體,是與周遭環境抗爭,改變創造新情境的「行動」;「小形式」的公式則是「動作—情境—動作」(ＡＳＡ′),「情境」是主體,「動作」是顯示「情境」的指標,並且通過「情境」的顯示指向新的「動作」。《稻草人》和《香蕉天堂》皆是透過小人物宿命扭曲的「動作」奇遇,逼顯出整個大時代情境的荒謬無奈。《無言的山丘》則將小人物推到一個更為惡劣艱困的極端的低度生存狀況,一個礦工妓女勉力維持最基本的飲食男女以求苟活的殖民剝削情境。但是這批礦工妓女的「動作」並未因此而淪為自然主義式的原始衝動,反而還從最基本的飲食男女中激發出最基本的人性尊嚴,轉化為與惡劣情境抗爭的「行動」,為天地不仁的「無言的山丘」塑造出各種人性光輝的「典型」。《無》片所塑造的行動「典型」是相當豐富的,值得有心者從各種角度線索深入探討分析。比較有問題的是結尾的部分,似乎予人尾大不掉且不搭調之感。其實,根本的癥結在於,全片「大形式」的史詩格局在結尾時又轉為「小形式」的情境格局。礦工弟弟與日本妓女在菜花田邊的作愛,只是一「哀莫大於心死」的絕望指標,指向整個「無言的山丘」天地不仁的無奈情境。主導全片的「黃金夢」至此轉為黃金色菜花田般的綿綿悲情,徒留「人生海海」的感慨註腳。這段不甚搭調的日本式的淒美結局,雖然令人不太滿意,卻頗堪玩味。不應太過苛責編導,因為就《無言的山丘》整個「動作」張力的發展來看,的確也很難想出一個令人無言的結局。

你只能死兩次

《只要為你活一天》
與新人類之死

　　陳國富導演的新人類電影《只要為你活一天》有許多不可解的片段，其中有一段這樣的死亡場景：一對新人類男女開著一輛小貨車被一部黑社會的轎車追殺。車子開到未建完的高架橋盡頭停了下來。追殺的轎車跟著停下來，一名殺手下車，奔到前面小貨車窗邊，朝車內砰砰幾槍，然後奔回轎車，揚長而去。接著鏡頭帶到小貨車窗邊，只見車內一男一女各自瞑目靠著車門，彷彿已死。沒有幾秒，卻見二人忽又轉醒過來，講了幾句對白，女的還邊說話邊下車，走到車後拿東西，卻突然發現自己的胸前都是血跡。

　　看到這裏，觀眾多半會納悶？怎麼回事？到底死了沒有？究竟在搞什麼鬼？

　　一個可能的說法是：他們已經死了，但是他們並不知道自己已經死了。乍聽之下，似乎令人有點毛骨悚然。其實，在古今中

外各種有關鬼魂的傳說故事小說戲劇中，這樣的狀況可說是屢見不鮮。一個人死了，但死後的鬼魂卻不知道自己已經變成鬼，還把自己當成活人一樣在人間到處走動。譬如，莎翁名劇《哈姆雷特》被害死的父皇之冤魂。港片中的鬼電影也常出現這類不知道自己是鬼的糊塗鬼。

按照一般的故事邏輯，要讓這類自以為還活著的鬼魂消失遠離，唯一的方法就是讓他知道自己已經死了。情形就如同卡通片裡常見的一個經典鏡頭：一個卡通人物在急奔中奔出了懸崖的邊緣，卻沒有馬上掉下去，仍在半空中跑了好幾步，直到突然低頭一看，發現自己雙腳踏空，這才直墜而下。

這意味著什麼呢？按照斯拉夫哲學家柴克（Žižek）的說法，這意味著每個人必須死兩次，因為有兩種不同意義的死亡。第一種就是自然生命的肉體死亡，屬於整個自然生死循環的一部分。第二種則是超出自然生死循環之外的精神生命的死亡。就好比打電動玩具。第一種死亡發生在遊戲過程當中。電玩中的主角總是先設定好幾條命，可以死幾次，還可藉過關斬將累積積分，多贏得幾條命，好多死幾次。第二種死亡則指向遊戲過程的終結。一旦輸掉最後一條命，則輸掉整個遊戲本身。第二種死亡就是 Game Over！玩完了！

第二種死亡作為精神生命的死亡，意味著一切意義價值理想永劫不復的徹底淪喪，絕對的空無斷滅。它是任何人都無法承受的「不可能的死亡」。所以，《只要你活一天》的那對新人類男女必須死而復活，因為他們根本無法承受精神生命的第二度死亡。他們可以死一次，但是無論如何不能死第二次，所以他們必須忘掉自己已死，裝做什麼事都沒發生過。就好像失足奔出懸崖的卡通

人物只要不低頭往下看就不會掉下去,還可以在半空中繼續往前跑。問題是,這樣能撐多久呢?懸在半空的卡通人物真的可以一直不低頭的往前下去?

這正是《只要為你活一天》的基本課題:如何能夠死而不自知?如何能在精神與肉體的兩次死亡之間苟延賴活下去?所以影片中的其他新人類男女無論是死是活,其實都已形同孤魂野鬼,但他們仍致力於一件事:藉著「只要為你活一天」的虛幻激情,來逃避掩飾精神生命的「第二度死亡」。

台灣的新人類電影始於陳國富的《國中女生》。全片以一重新世界窺奇的清新格局以及「王子屠龍救美」的通俗童話模式,為新人類電影打開了電動玩具般的想像生命力。接下來的幾部也分別從不同的年齡、階層、區域、活動空間、經濟消費能力等展現出不同的新人類風貌。《國中女生》是八〇年末中等階級的城市國中生。《牯嶺街少年殺人事件》是九〇年代雷射舞會的中學生誤置於六〇年代的彈子房舊書攤。《少年吔,安啦!》是小鄉鎮中廟口、卡拉OK的小混混。《青少年哪吒》是補習班、遊樂場、冰宮、男來店女來電的城市高中生。《只要為你活一天》則是PUB和KTV中衣著光鮮的都會雅痞。從《國》片到《只》片的新人類,在年齡和階層上似乎是愈來愈「高級」,可是在精神生命力上卻每況愈下。其實在《牯嶺街》中少男少女莫名其妙的情殺案,即已透露出「新人類已死」的曖昧訊息。《少年吔》裡被槍殺的鄉下小混混更是死得不入流之至。《青少年哪吒》雖沒有死,卻是灰敗青春,雖生猶死。到了《只要為你活一天》,則已不是死不死的問題, 而是如何掩飾「新人類已死」的事實。

「新人類已死」指的當然不是某個新人類被槍殺喪命,而是整

個新人類的精神生命力徹底的虛脫耗竭。從八○年代末的青少年
文化中崛起流行的新人類精神，沒想到沒玩幾年就玩完了，在九
○年代的世紀末淪為生命中無可承受的輕薄浮泛、空洞、無聊。
（所以新人類電影一部比一部更令人不忍卒睹。）現下唯一可做
的，就是通過各種流行時尚品牌的自戀風格形象，各種通俗羅曼
史的想像敘事符碼，形成一系列膚淺之至而又魅惑炫目的華麗表
面，好將空虛之至的新人類精神一層層包裝起來。儘管這樣的包
裝是不可能成功的。無論外表包裝的如何華麗炫目，空虛的精神
核心總是會使其暴露出不可解讀的破綻裂痕、失去意義的空隙距
離。這也正是《只》片難以解讀的癥結所在。那些似曾相識、廣泛
引述自各種好萊塢類型電影、電視肥皂劇、少女漫畫、大八開雜
誌、前衛廣告、新潮ＭＴＶ等等拼貼雜燴而成的一系列極度風格
化的華麗片段，就像是主角林強開的那台ＭＴＶ店的小貨車，載
的一車亂七八糟、華麗乖張，也看不出是什麼東西，在林強莫名
憤怒的嘶吼中不知道要衝往何處。

　　如果觀眾被搞得滿頭霧水，不知所云，那就對了。它就是要
教人無法解讀、無法看穿。一看穿，就玩完了。好像鬼故事裏自
以為還活著的鬼魂，一被說破，就即刻消失無形。所以《只要為你
活一天》無非是一場新人類假裝自己還活著的死亡遊戲，藉著一系
列想像中的死亡來逃避掩飾，甚至補償、贖回精神上真正的死亡。
全片模擬著各種奇情浪漫驚險，極度戲劇性風格化的想像死亡場
景。最風格化的一幕就是在照明彈瞬間的風華光照下，雙手反綁
的葉玉卿微閉著雙眼，優美頹然地緩緩倒下。全片到後來甚至投
射出各種妄想症被迫害狂般的荒誕意念。諸如高層政治鬥爭的陰
謀滅口，兩岸談判破裂，一觸即發加台海戰情，自然災變天譴，

世界末日毀滅……無非是同一死亡遊戲的想像邏輯極度膨脹誇張
的延伸。就像是打電動玩具，在螢幕上的遊戲過程中死再多人、
死再多次都無所謂，只要可以繼續玩下去。總而言之，可以在《只
要為你活一天》的激情浪漫奇想加驚險追殺中死無數次，就是不要
面對「你只能死兩次」的絕對空虛寂滅。

《十八》的影像失語症

　　其實這是一部頗具「可看性」的電影，雖然在「可讀性」與「可說性」方面頗令人困擾。

　　很少有一部電影像《十八》這樣，近乎誇富炫耀式地一下子拋出這麼多光怪陸離的炫目鏡頭，極度風格化的片斷影像，恍如ＭＴＶ般令人目不暇接。全片也真的就像是一部刻意「反敘事」的長篇ＭＴＶ，大部分的片段完全抽離了敘述主導的「聲音」，有時則突然置入紛紜擾攘、創意反諷的「背景雜音」。

　　導演似乎有著太多的情感與心境急於宣洩訴說，卻不知該怎麼說，該從何說起。索性就設定觀眾都已經進入狀況，都已經知道是怎麼回事。所以對於導致整個情感心境的故事背景也就無需多說，而直接就要求觀眾進入導演個人對於整個情感心境一連串的渲染與耽溺之中。於是我們看到了全片最不可解、不搭調的尷尬之處；對於應該有個起碼交代的故事背景幾乎沒有說，或是說的語焉不詳，語無倫次。對於不應多說，不可言喻的情感心境似乎又說的過多、過露。簡言之，在「敘事」和「抒情」兩方面都發生

了溝通表達上的困擾障礙。

　　該如何面對這個「影像語言」的尷尬？我們既無需責怪導演不會「說故事」，更無需責怪觀眾只會「聽故事」的通俗電影品味。真正的人尋味的是，導演為什麼要如此費力刻意地去抗拒「說故事」？一旦摒棄了「說故事」的「敘事」能力，是不是連「抒情」的表達能力也跟著發生干擾，以至於整個「影像語言」陷於難以溝通的「失言症」情境？更有趣的是，《十八》的「影像失語症」又反映了什麼樣更為廣泛深刻的「文化症候」？

　　其實台灣新電影「影像失語症」由來已久。自從侯孝賢打破傳統劇情片的蒙太奇敘事，以靜態的鏡頭框架發展出散文體的寫實抒情格局，新電影就從「不願說故事」一步步陷於「不會說故事」的失語症候群。《十八》可視為一個最新的極端病例。而它的「不願說故事」的抗拒心理，還蘊涵著比其他新電影更為極端的意義：不願說故事是因為已失去值得述說的故事，已沒什麼故事可說。

　　述說了三、四十年之久的那套「反共復國神聖史詩」的「偉大故事(grand narrative)早已解咒除魅，不堪拆穿。依附在「偉大故事」之下的各種苦難顛沛流離的「小故事」也跟著淪為不堪再說，終將被遺忘的時代插曲。而正在成形當中的那套「民族解放建國史詩」的新版「偉大故事」，又很難再產生召喚的魔力。正是這點突顯了《十八》所急欲描寫的外省第二代的基本特質。失去了可說的故事，同時也就失去了記憶，失去了歷史，失去了過去，甚至失去了自我。這就是《十八》影像失語症的癥結所在：它夾在兩個「偉大故事」的替換空檔間，舊的「偉大故事」的解體使得它的過去形同虛構，新的「偉大故事」的難以進入又使得它的未來一片疏離茫然。它的「不願說故事」同時是對舊故事的不堪拆穿，以及對新故事的

莫名抗拒。

　　「偉大故事」的解體導致了以情節敍事為主的「動作—影像」的解體，表現為《十八》反敍事的ＭＴＶ形式：一系列支離被碎的「動作—影像」，以及突如其來，莫名宣洩的「情感—影像」，構成了《十八》主要的影像運動，按照法國哲學家德勒茲(Deleuze)的講法，「動作—影像」的解體，是從古典電影進入現代電影的契機。一旦切斷了，傳統蒙太奇敍事的表象連結，非理性的剪接(irrational cut)將導致「音／畫」分離的莫名情境，釋放出最原始直接的「時間影像」。就此而言，《十八》的ＭＴＶ形式對於「動作—影像」的解體還解體得不夠徹底；還沒有真的逼到「音／畫」分離的極限。它支離破碎的「動作—影像」仍有著「欲語還休」的敍事線索可尋，並未達致視覺影像的純粹「可看性」；它語焉不詳、語無倫次的對白與背景雜音時而刻意反諷，時而露骨表白，更沒有釋放出聲音的純粹「可說性」。可以這麼說，《十八》的影像失語症並沒有把自我逼向精神分裂的崩潰邊緣，而是推到另一種狀態。

　　《十八》的主題其實非常清楚：一個外省第二代的自我放逐，我們已經看到，那是因為舊的「偉大故事」已然解體，不堪依託，而又難以接受新的「偉大故事」的召喚。所有「偉大故事」都是一重意識形態的召喚，召喚個體進入統治符碼的象徵秩序(symbolic order)，成為客觀意義網路位置的一個指定。按照精神分析家拉岡以及斯拉夫哲學家柴克的講法，統治符碼的象徵秩序都是環繞著一個「偉大的他者」(the big Other)作為崇高的認同對象。「他」可以是「偉大故事」所述說的民族英雄、世界偉人等「偉大主體」，也可以是一個抽象的中心意符，譬如說父權象徵秩序的陽具意符。就是「他」召喚著每一個體成為「我們」中的一分子。按照精神

分析學的研究，意識形態層面的「象徵認同」(symbolic identifi-cation)不同於個人主觀層面的「想像認同」(imaginary identifi-cation)，差別就在於，想像的認同是認同於自我所投射出去的某個企慕的形象，是一種鏡像式的顧影自戀；象徵的認同則是認同於某個我們被觀察，被凝視的位置，換言之，就是認同「他者」的凝視，認同「他者」眼中指定我們所是的形象。柴克指出，無論是意識形態的象徵認同或自我主觀的想像認同，其實都是一種幻象的建構(fantasy construction)。幻象的建構並不是為了掩蓋現實的真相，剛好相反，幻象的建構是為了要構成現實，支撐現實，藉以逃避掩飾吾人欲望深處最真實的「空洞」與「虛無」。幻象的建構作為一種想像秩序或象徵秩序的縫合，維繫著現實，不為欲望的黑洞所吞沒。

　　導演何平曾表白過：「對我而言，不認同也許比認同更為重要。」誠哉斯言！整部《十八》所面對的，就是象徵秩序崩潰，失去認同的空無狀態。片中的外省第二代主角沒有名字，渾稱「怪怪」，正是一個游離於象徵秩序之外的「不可名者」。整部《十八》所致力的，就是透過一系列MTV影像夢魘般的幻象建構，重新縫合出一套完全屬於自我的想像秩序，填補象徵秩序崩潰後的空白。

　　這是「怪怪」自我放逐的根本旨趣。一旦「偉大的他者」解體了，那麼，就讓自我投射出一個「想像的他者」(imaginary Other)取而代之。就讓自我忘神投入這個「想像的他者」，如同剛學步的嬰兒將鏡中影像當成自己。「想像的他者」可以是任何地方、任何事物、一個可以任意替換取代佔有的「小對象」(object petita)；一個充滿異國情調的頹敗小鎮，一家鄉下雜貨鋪的樸素村婦，一間低級小賓館的風騷老闆娘，更可以是一場下里巴人擲「十八」的

骰子戲。

　　一旦失去了「他者」的凝視，那麼，就換成自我對鏡式的自戀凝視，讓自我分裂為二，變成自己的鏡像，變成另一個我(double)，冷眼觀照著自己不可理喻的一切。就如同片中的「怪怪」俯視著自己擲「十八」，不惜拋妻棄子，捨命一搏。

　　於是ＭＴＶ式的片斷鏡頭形成一幕幕「鏡子舞台」(mirror stage)，推演著自我不斷分裂為二，甚至於推演出其他角色的分裂為二，譬如陸小芬一人飾兩角的噱頭。一切都可以是自我的鏡像，都可以是自我旦暮相遇的另一個我。但是無論如何的分裂異化，這裏的「鏡子—舞台」並不推演出解消自我的精神分裂，而是強迫性重複著自戀式抗拒的歇斯底里劇場(hysterical theatre)。全片的影像失語症最終表現為一種獨白式的影像歇斯底里。它的自我放逐並未畫出欲望的逃逸路線，而是逃避隱遁到想像秩序的自戀鏡像王國。

　　想像秩序的自戀是一種雙重的掩飾：一方面掩飾自我對「他者」的依賴，同時他掩飾「他者」失落後的空無。空無是欲望最終極的真實(real)，全然不可解的神祕核心。一切幻象都環繞著空無的神祕核心而層層縫合起來。

　　所以電影不斷描寫「怪怪」；「他自己都不知道他究竟想要什麼。」「不知道究竟想要什麼」就是欲望本身最弔詭的終極形式。正因為「不知道究竟想要什麼」，所以欲望才會無終止的追求下去。這個弔詭的空無既是欲望的終結與死亡，同時也使欲望成為一個無限延宕，無限開放的過程。

　　《十八》的鏡子舞台式的「歇斯底里劇場」，一方面是抗拒象徵秩序，另一方面更重要的則是不斷延宕逃避欲望終極的空無與死

亡。所以電影到後來一再演出令人誤以為是結局的片段，卻又一再延宕結局的到來。無限延宕的結局就是無限延宕的空無與死亡。在理論上，它是沒有結局的，可以無限延宕下去，像一場醒不透的夢魘。所以可以每一段都很像結局，也隨時都可以結局，因為已無所謂結不結局。

「音／畫分離」的
新鴛鴦蝴蝶派

　　九〇年代的流行文化幾乎完全是復古熱的天下。既使不明言
復古，也或多或少是在炒冷飯或新瓶裝舊酒。時裝、電影、流行
音樂無不如是。而最近老戲新拍的《包青天》愈演愈盛，居高不下
的收視熱潮，則可算是這一波復古熱的電視代表作。

　　復古一直都是製造流行最廉價便捷的策略之一。新瓶舊酒，
冷飯熱炒，畢竟比重新去醞釀製造要省力得多。但真的做得成功，
亦並不容易。關鍵就在於新瓶舊酒的重新包裝是否搶眼，冷飯熱
炒的重新調味加料是否對味。流行與復古之間炒冷飯式的反覆辯
證，其實蘊涵一套頗為微妙曖昧的新舊易位。復古作為一種流行，
既要喚起大眾的記憶：這就是當年的「她」！又要馬上提醒大眾：
這已不是當年的「她」！正所謂「衣不如新，人不如故」。記憶中的
舊人，必須換穿上「衣不如新」的新衣，變成一個「新人」，才得以
喚起「人不如故」的念舊之情。九〇年代的「包青天」當然已不再是
七〇年代的「包青天」，但「他」是以什麼樣的新衣新貌來喚起觀眾

對「包青天」的懷念呢？是新的演員陣容、新的劇情節奏、新的主
題內涵？也許都有一點吧。但是新的《包青天》真正令人耳目一新
的全新包裝，恐怕是他片尾的主題曲：黃安的〈新鴛鴦蝴蝶夢〉，
一首名副其實、完全屬於九〇年代新新人類新鴛鴦蝴蝶派的流行
歌。和羅大佑的〈戀曲 1990〉相似，有輕盈討好的曲調旋律，朗朗
上口又不知所云的文藝腔歌詞，以及飄飄渺渺，不痛不癢，似有
若無的感傷調調。如果說羅大佑的文藝腔是白話詩現代詩，黃安
的文藝腔則更進一步回到古典詩詞，所以更為飄渺空洞，不知所
云。不用說，〈新鴛鴦蝴蝶夢〉當然也和〈戀曲 1990〉一樣，成為Ｋ
ＴＶ的熱門點播曲。不要問〈新鴛鴦蝴蝶夢〉的詞意和新《包青天》
的劇情有什麼關聯，他們的關聯就在於他們沒有關聯。這在七〇
年代是無法想像的，一齣戲的主題曲和這齣戲的內容怎麼可以不
相干到如此離譜的地步？但這卻是九〇年代最司空見慣的ＫＴＶ
文化的「音／畫分離」現象：聲音和畫面可以完全是風馬牛不相及
的兩回事。〈新鴛鴦蝴蝶夢〉的魅力就來自於它和電視畫面莫名其
妙的並置播出。於是，看《包青天》片尾在〈新鴛鴦蝴蝶夢〉的旋律
中不知所云的預告片段，竟比看正式播出的劇情來得更有意思、
更耐人尋味。

　　其實，〈新鴛鴦蝴蝶夢〉和新《包青天》也不是完全不相干，你
看它最後兩句不正是：「何苦要上青天，不如溫柔同眠。」從片頭
曲唱遍七〇年代大街小巷的「開封有個包青天」，到片尾曲迴盪九
〇年代ＫＴＶ畫面的「何苦要上青天，不如溫柔同眠」，二十年間
的變化滄桑，亦足令人啞然失笑，忘其所以。

輯貳

「臉」的歷史

「臉」的歷史

寫在涂英明的毛像展之前

　　要從何說起呢？就像當年流行一時的一首民歌所唱的：「某年某月的某一天，就像一張破碎的臉。」也許就在我們開始牙牙學語的某年某月的某一天，當我們開始從各種肖像銅像中學習辨識國父的臉與蔣公的臉的同時，我們就恍惚的意識到還有另一張極其可怕陰森，同時也極其模糊破碎的臉，潛藏在國父與蔣公大義凜然的臉的背後，模糊破碎卻如影隨形揮之不去，一張毛匪毛酋的臉！

　　對於四十歲以下，在戒嚴體制下受教育成長的台灣民眾，毛澤東在記憶中的印象的確是只聞其名，不見其人！毛的知名度雖然可以媲美孫中山、蔣中正那樣的深入民心，無遠弗屆，但是一直到解嚴前夕，恐怕沒幾個人真的見過毛「露臉」。一個我們從小念茲在茲，被塑造為反共復國大業的頭號假想敵，竟然不知道他長的是什麼德性。毛的臉不只是一張破碎的臉，他根本就是一個刻意被抹去面目的「沒有臉的人」。

這個鬼魅似的詭異情境決非「歷史的偶然」，而是戒嚴體制運作下的「結構的必然」。正如同在通俗的武俠奇情故事中，最厲害可怕的超級大魔頭必然不可以真面目示人。毛作為潛藏在蔣公肖像背後的「沒有臉的人」，其實和布袋戲《史艷文》中的一代魔頭萬惡罪魁「藏鏡人」具有同等的戲劇性功能。任何威權體制的統治籌碼象徵秩序都需要這樣一個「藏鏡人」的角色，作為無可捉摸、遙不可及而又無所不在的「異端他者」(Other)。統治籌碼的正當性與象徵秩序的鞏固性就是選立在對這個「異端他者」的排斥之上。因為「異端他者」被排斥到遙不可及的安全距離，所以可以確保體制的偏安一隅；因為「異端他者」無可捉摸而又無所不在(匪諜無孔不入，「藏鏡人」有無數個分身化影)，所以更需要鞏固體制的領導中心來抗衡「異端他者」的威脅滲透。毛作為一個沒有臉的「藏鏡人」，就以其絕對邪惡的陰影，烘托出蔣公大義凜然的臉的神聖光輝。毛的臉的「隱現」(absence)是蔣公的臉的「全面臨現」(full presence)所不可或缺的，正如同基督的臉必須透過撒旦，史艷文的臉必須透過藏鏡人，才能真正深入民心，籠罩一切。這是一個「1／0」或「＋／－」的基本結構原理。用通俗的話講，就是正邪對峙、漢賊不兩立的基本意識形態。台灣四十年的戒嚴體制，主要就是訴諸蔣公這個「民族救星」作為中心象徵 VS.毛這個「異端他者」，藉以構成意識形態國家機器的運作。它是一種雙重的恐怖，藉著對紅色恐怖的排斥來建立白色恐怖。它的具體圖式就是蔣公神聖臨現的「臉」VS.毛「藏鏡人」般的「空臉」。

「臉」憑什麼有這麼大的魔力呢？「臉」和「身體」其實是截然不同的範疇，「臉」是一種精神性的直接表達。德勒茲(Deleuze)講：「臉是一個恐怖故事。」臉是構成一個恐怖政權之象徵秩序的「符號

政權」(regime of signs)，它直接表現了一個恐怖政權的精神統治。臉的歷史就是一頁頁人類恐怖統治的圖像故事。依德勒茲之說，臉並不是一個單純的符號，而是兩種符號的混合並置，因為臉可分為兩部分，也就是一般所講的「面／目」。「面」的部分：臉頰輪廓表情形成妄想偏執式的指意符號(signifying sign)；「目」的部分：眼睛眼神形成主觀的激情符號(passional sign)。「面／目」是一個「白牆／黑洞」(white wall／black hole)的系統，面部表情的指意符號交織成「意符」(signifier)的「白牆」；眼神的激情符號則深化為「主體性」(subjectivity)的「黑洞」。意符的循環網路構成君主專制(despotic)的符號政權；主體性的線性程序則構成威權獨裁(authoritarian)的符號政權。「臉」是統一兩種符號政權的表達實體。「臉」的「白牆／黑洞」系統是維持國家機器運作不可或缺的抽象機器。這個抽象機器視實際的配件、裝置、需要，在各個階段製造出各種具體而又普遍的「臉」：國父革命先知的「臉」，蔣公偉大領袖的「臉」，蔣經國親民愛民的「臉」……相形之下，毛「藏鏡人」般看不見的「空臉」則是從具體的臉被刻意抹消還原為抽象恐怖的「白牆／黑洞」。

從「臉」的歷史來看，台灣的解嚴簡直就是一部「撕破臉」的歷史，那一張張原本神聖英明的「臉」突然在一夕之間都變成掩飾邪惡「真相」的偽善「假面」。解嚴作為一個現代性的啟蒙過程，其實就是一個「拆穿假面」(demask)的過程。「拆穿假面」已成為遍及政治、社會、文化各領域的全民運動。直到今天，各種歷史翻案政治內幕的議題炒作，仍是「拆穿假面」運動的餘緒。

新生代畫家吳天章在八○年代末刻畫蔣家兩代強人「面露帝相」的史學圖像，可說是「拆穿假面」運動在美術界的典型代表。那

些個血祭圖騰般陰險、慓悍、猙獰的強人政治臉譜，不只是「面露帝相」，根本就是「面露凶相」，的確滿足了當時想當然耳的揭露「邪惡真面目」的普遍想像投射。

但是同樣的「拆穿假面」手法一旦施用於毛，卻完全無法表現出毛作為一個「藏鏡人」終於摘下神秘面紗露出廬山真面目的懸宕戲劇高潮。毛是在解嚴前後，隨著馬克思著作的逐漸解禁，才開始在各種小眾大眾媒體上逐漸「露臉」。所以對於戒嚴體制下成長的台灣民眾，毛的問題並不在於「拆穿假面」，而是重新去填補那張被抹去面目的「空臉」，在抽象的「白牆／黑洞」上重新勾畫出具體的歷史形象。借用陳芳明先生的用語，毛所要的是一種「歷史造像運動」。今年適逢毛百年誕辰，環繞著毛的「歷史造像運動」在海峽兩岸正方興未艾地展開。

但是在這之前，另一種屬於大眾媒體時代流行影像複製的「造像」運動則早已展開了。無論我們把毛看成什麼樣的萬惡罪魁、一代魔頭，我們都不得不承認，在二十世紀的中國人當中，毛的確是一個無出其右的世界級超級巨星。不僅大陸和台灣曾長期活在毛的「臉」的統治陰影下，連歐美的嬉皮、激進學生、前衛知識分子，以至於第三世界的恐怖分子，無不一度受到毛的「臉」不同形式的魔力籠罩。所以早在冷戰的六〇年代，普普藝術大師安迪沃荷就已將毛的「臉」當作貓王或瑪麗蓮夢露的「臉」來處理，使毛的「臉」逸離了追求「真相」的「歷史造像運動」，進入大眾流行影像的複製時代。

而在今天，後冷戰與後解嚴的九〇年代台灣，涂英明（TU-2）的「毛學，從 0 到 2」毛像展，則以新普普與新達達的諧謔雜燴手法，在現階段環繞著毛的「歷史造像運動」之外，以另一種形式來

填補毛臉的空白。

我們看到毛的「臉」忽而變成米老鼠，忽而變成貓，忽而變成女人，忽而變成憂鬱青年，忽而變成喇嘛菩薩……該如何定位這一連串的毛的「變臉」呢？也許對涂英明而言，問題的癥結已不在於「拆穿假面」，也不在於為歷史重新造像，而在於為毛重新戴上各式各樣的新奇面具。就如德勒茲所言：「面具並不掩蓋臉，面具就是臉。」這許就是「現代」與「後現代」的差別所在；「現代」總是企圖找出面具背後的真面目，而在「後現代」，真面目是什麼根本已無關緊要，重要的是如何用不同的面具塑造出不同的形象魅力。面具就是「臉」，如果這張失去魅力，就換上另一張。所以涂英明的毛像展一點也不想還原出毛的歷史真面目，而只是為毛不斷的換面具，使毛不斷的「變臉」。

不知道涂英明自己如何解釋「從 0 到 2」，但是對台灣民眾，毛的「臉」的確從來都不是 1，不是一個大一統的絕對權威實體。在戒嚴時代，毛「藏鏡人」般的「空臉」是隱藏在 1 背後的 0。在後解嚴的今日，「空臉」之 0 又一下子分化為 double 之「變臉」。2 就是 double，就是「臉」之孿生複製、變形轉換。「毛學，從 0 到 2」，意味著毛已從一個沒有臉的「藏鏡人」，搖身一變為有無數張孿生變臉的「千面人」。「臉」的符號政權已從無知威脅的「恐怖政權」轉換為諧謔無謂的「犬儒政權」。回顧這段「從 0 到 2」，從恐怖到犬儒的「毛臉的歲月」，亦足令人啞然失笑，忘其所以。

「裸」的歷史

論張振宇的人體畫

　　張振宇的畫在美術界一直是備受爭議的話題。爭議的焦點往往又集中在他那批肌理組織、纖毫畢露的人體畫。它們總是以一種出其不意的「裸」來挑釁既有的道德尺度與審美品味，激起各種強烈衝突反應的情緒與思維。就如卡內提說的：「因為出其不意，所以準確。」張振宇最好的一些人體畫的確達到一種出其不意而又毫髮無憾的準確境界。

　　所謂「出其不意」，並非毫無來由，而是其來有自。因此，從張振宇備受爭議的人體畫，正好可以思考一下環繞著「裸」所引發的種種令人困擾而又耐人尋味的問題。第一，為什麼「裸」總是一種最直接、最常訴求的挑釁方式？第二，到今天這個時代，「裸」的挑釁還能以什麼樣的面貌出現？而張振宇現階段的人體畫又賦予「裸」的挑釁什麼樣的新面貌？

「裸」的歷史

　　「裸」並不是一種自然狀態，而是一種文化形式。人之「裸」不始於亞當夏娃初生之時，而是始於亞當夏娃摘下第一片樹葉來遮羞。拉岡講過：「身體只有在衣服裡才是赤裸的。」只有人才會穿衣服，所以只有人才是赤裸的，說一隻狗或一隻猴子是赤裸的並沒有多大意義。

　　「裸」作為一種文化形式，當然不是指在個人私室內洗澡更衣時的赤身裸體，而是指「裸」在公眾眼中所具有的文化意義與社會象徵。「裸」從來就不是私人之事。「裸」只存在於公眾領域，「裸」是一種文化表象（representation）與社會奇觀（spetacle）。不同的時代、不同的社會、不同的歷史文化脈絡，會產生不同形式的「裸」的表象與奇觀。藝術是「裸」的表象與奇觀最典型的結晶。我們看到古希臘羅馬的雕像之裸，中世紀宗教畫的耶穌與聖女之裸，中國的春宮畫祕戲圖之裸，文藝復興的維納斯之裸……。

　　「裸」並非身體赤裸裸的自然呈現，而總是有一套獨特的文化表現符碼。但是現代資本主義社會的解符碼化過程卻使「裸」的文化意義產生了極其弔詭的微妙變化──「裸」成為一種「自然狀態」的象徵。就如盧梭的名言：「人生而自由，卻無處不在枷鎖之中。」我們也可以說：「人生而赤裸，卻無處不在衣物之中。」相對於衣物所代表的文明、禮教、習俗、禁忌、人工、束縛……除去衣物的「裸」不啻是自然、原始、真實、無邪、欲望、感性、自由、解放的同義語。簡言之，隨著現代社會的解符碼化，「裸」也成為一種解符碼化的象徵手段。「裸」作為「自然狀態」是一個現代性獨有的文化表象與社會奇觀，它訴諸「自然狀態」的無邪之姿來挑釁各種習俗禁忌的社會文化符碼，成為一種最典型的解符碼化的象徵性儀式。

　　為什麼「裸」總是一種最常訴求的挑釁策略？因為身體是最原始的本錢，是欲望投注的直接場域，所以當「裸」一旦被用來象徵身體的「自然狀態」，「裸」同時也就成為榨取身體之象徵價值最直接便捷的手段。這使得「裸」的挑釁儀式逐漸形成一套世俗化、常規化的慣性機制，甚至於在表面的解符碼化，同時蘊涵著挑逗與誘惑的再符碼化。

　　一部現代性的「裸」的歷史，從驚世駭俗的前衛藝術到阿世媚俗的大眾文化，就是「裸」的奇觀與表象不斷挑釁／挑逗社會文化符碼的儀式性重複。

「裸」的終結

　　然而，最近聽來的一件軼聞，卻幾乎重寫了「裸」的歷史：

　　台北某知名國立大學，有學生組同性戀社團，舉辦一系列活動。在其中一場演講中，突見一名男子全身赤裸，走至台前，然台上的演講者繼續演講，台下的觀眾繼續聽講，皆視若無睹，毫無反應。裸身男子見狀，只得離去。繼而又有一名女子全裸走出，眾人依舊視若無睹。裸身女子亦只得離去。繼而又有兩名裸身男子，分從兩邊走至台前，擁抱接吻，做出種種猥褻狎謔狀。眾人依舊視若無睹，兩名裸身男子終亦離去⋯

　　發生了什麼？如果說前衛藝術的一個特徵就是以驚世駭俗的挑釁手段，在公眾間製造驚奇，形成競相爭睹的社會奇觀。那麼，這場「見怪不怪，其怪自敗」的前衛裸裎演出，無疑是一場經典性的「超前衛」事件。它的最大驚奇就在於它解除了任何驚奇的可能性，它的毫不驚奇形成了一切奇觀的奇觀，一種「酷」到極點，超級冷感的「過度驚奇」。

　　這是「裸」的終結。「裸」不再是一種社會奇觀與文化表象。「裸」
不再是一種挑釁，甚至連挑逗誘惑都不是。「裸」回到了它自身，
「裸」只是「裸」，「裸」變成只「裸」給自己看，甚至連自己都不想看
的「猥褻之幕」(obscene)，一種令人無法置信的視若無睹。

　　發生了什麼？在令人無法置信的視若無睹中，我們看到一種
「一切都無所謂」的「酷」到極點的「無差別主義」(indiffer-
entism)。「裸」作為一種驚世駭俗的挑釁，就是為了突顯身體的差
異性與獨特性，以打破禁忌符碼獨斷制式的同一性與均質性。但
是在普遍的「無差別主義」中，再怎樣出其不意，驚世駭俗的「裸」
都形同透明，消解於無形，正如同好事的裸裎者在視若無睹中只
好離去。

　　因此，差異(difference)的最大敵人不是任何獨斷制式的同
一(identity)，而是普遍的冷漠無差別(indiference)。反之，同一
與差異其實是相互預設、相互依存的，同一不斷排斥差異，差異
不斷顛覆同一，形成二元對立的結構符碼。「裸」的挑釁就是在「同
一／差異」的對立結構中，不斷玩著「禁忌／踰越」的遊戲，一種不
斷畫下禁忌的界限，又不斷踰越界限的「禁忌的遊戲」。

　　然而，在普遍的冷漠無差別中，「裸」的挑釁真的變得不可能？
「裸」的象徵價值真的已耗竭窮盡？

「裸」的永恆再現

　　這便是今日的課題：如何在失去驚奇的百無聊賴之中，重新
挑起「裸」的奇觀？如何在百無禁忌之中再玩「禁忌」的遊戲？

　　這就是後現代。後現代並非現代性的終結，而是在現代性的
終結中，以一種虛擬的方式重寫現代性的努力。

如果超前衛是「裸」的終結，後現代則是「裸」的永恆再現。正如近來流行女明星的拍寫真集，「裸」在今日是以「寫真」的面貌出現，各色各樣的「裸」的挑釁在虛擬的尺度邊緣重複著「禁忌／踰越」的遊戲。它們已成為一種挑逗與誘惑的慣性機制，一種樂此不疲的「寫真儀式」。

後現代的寫真儀式／新古典的欲望表象

張振宇的人體畫也曾經塑造過台灣的「裸」的歷史。事實上在稍早的年代，「裸」的挑釁幾乎是由美術界一手包辦的。在解嚴之前的 1985 年，張振宇一幅正面全裸，毫無保留的《自畫像》就出其不意的挑釁了當時的道德尺度與審美品味，形成人人競相爭睹，議論紛紛的社會奇觀。

但是不同於一般的「裸」的挑釁，對一個畫家而言，挑釁公眾的社會奇觀必須建立在作品本身繪畫性表現的藝術奇觀之上。張振宇就以其精湛深厚的寫實功力、磅礴攝人的布局氣勢，塑造出震撼觀眾視覺的人體藝術奇觀，才進而挑起禁忌遊戲的社會奇觀。

這或許是平面繪畫創作與前衛藝術實踐的最大差別，後者可以完全取消藝術技巧的經營，而直接就以挑釁公眾的社會奇觀來當作它的藝術奇觀。所以到了解嚴時期，「裸」的挑釁就讓位給各種直接公然裸裎的前衛藝術表演，因為解嚴正是社會奇觀凌駕一切的年代。

相對的，張振宇的人體畫也不復當年的社會奇觀性，卻也因此更加突顯出作品本身一直堅持的藝術奇觀性。而我們已經看到，前衛藝術的裸裎奇觀也很快就式微了。在後解嚴的今日，百

無禁忌與百無聊賴之中，相對於大眾媒體上已成慣性的女明星寫真儀式，畫家現階段「裸」的挑釁又將表現為何種出其不意的人體藝術奇觀，塑造出什麼樣「裸」的永恆再現？

比較一下 85 年的《自畫像》和近作《自磔圖》。同樣都是以畫家本人作為裸體模特兒的自況，《自畫像》像是一篇日記體的個人記錄，頂多是個人隱私曝光的新聞報導；《自磔圖》則是一幕極度戲劇性、風格化的獨角戲。《自畫像》只是日常性的「姿態」，《自磔圖》則是激烈煽情的「動作」。「自畫像」只是一個內省自我的單純表白，《自磔圖》的自我則被寫入各種隱喻象徵文本的拼貼中。簡言之，畫家從前的「裸」只是一個事件，現在的「裸」則是一場戲劇。拿另一幅當年亦造成新聞的裸躺相的《紐約‧伴侶》和最近一系列家庭羅曼史的群裸圖相比較，更可看出此一從「事件」到「戲劇」的戲劇性轉變。

從《自磔圖》的副標題：「武裝天使與我桀驁的欲力」，以及畫中自我淒厲的表情動作與賁張豎立的陽具，可以看出畫家的創作姿態採取一種復古式的高蹈，正處於何等亢奮聳動的狀態，已近乎歇斯底里的崇高。

這反映出畫家對於藝術有一股唐吉訶德追尋「騎士愛」(courtly love) 般的狂熱執迷，一往無悔。相對於目前一片輕浮戲謔的犬儒氛圍，當然顯得相當不合時宜的無奈、悲壯與尷尬。然而「不合時宜」也正是藝術在這個時代唯一可行的「時態」。正如同唐吉訶德想在一個世俗化的解咒除魅的現代世界重塑中世紀「騎士愛」的羅曼史，畫家也以一種高蹈復古的姿態，在一個更為庸俗冷漠的時代，獨力塑造出一套個人英雄主義式的表象體系，召喚失落已久的古典人文氣質。

　　對畫家而言，這才是真正的「真實」。所以畫家將他這套充滿戲劇性與象徵性的表象體系界定為一種「真實主義」。「表象」原就有「代表」與「表演」兩個意思。代表什麼呢？當然是代表「真實」。任何表象都預設了某個超越表象的「真實」。表象的功能就在於代表、再現、演出這個超越表象的「真實」。這是表象的根本弔詭，也是根本動力所在。所謂「表象思維」，正是一種揚棄表象，追求真實的形上學思辯，一種隱喻式的象徵思考。

　　張振宇曾說過極心儀英國畫家培根的作品與精神。其實他的人體和培根的人體剛好是兩個極端。培根畫中那些血肉模糊的身體是為了拆毀割裂身體的表象，尤其是臉的表象，以切入身體的深度經驗。張振宇的人體畫則以精湛的寫實筆觸經營肌理色澤質感，極力保持身體表象的完整性，並透過臉的表情神韻使身體的表象昇華為精神性的象徵。培根的畫是一種反古典表象的切開身體深度的「殘酷劇場」；張振宇現階段的人體畫則是一種新古典表象的追索精神高度的「形上劇場」。

　　雖然畫家曾提出一個警句：「欲望是真實的核心！」然而他畫中的人體作為一種欲望的表象，都已置入某種古典戲劇結構「形上／形下」二元對立的動作衝突中，搬演著「天理／人欲」、「道德／欲望」、「精神／肉體」、「天使／魔鬼」各種天人交戰的古典戲碼。畫家自己最喜愛的一個講法是擺盪在「女神」與「神女」之間。的確，「女神」與「神女」的二元對立所形成的古典戲劇張力，正是「裸」的禁忌遊戲得以再現的「力場」與「磁場」。

　　畫家現階段的「裸」的挑釁，就是以一種「天體營」般的群裸或獨裸，演出各種古典天人交戰的形上劇場，形成一連串出其不意而又若無其事的曖昧挑釁姿態，令人感到不可言諭而又訴說不

盡。我們想起印象派大師馬奈的《草地上的午餐》那種出其不意的
日常之裸，或是超現實畫家德魯窪(Delvaux)的《手》那種若無其
事的潛意識夢境之裸。張振宇的藝術天體體則介乎二者之間。有
趣的是，無論是出其不意或若無其事的冷漠或驚奇都是畫家一手
導演的，它們就像是中世紀的活人畫，讓角色、場景、動作在最
為戲劇性的一瞬間凝結下來，成為一個永恆的姿態。

　　總觀這個「藝術天體營」的「形上劇場」所上演的各式各樣今古
奇觀的限制級戲碼，我們發現，其中最精采有力，最引人遐思、
玩味不盡的幾場「演出」，就在於畫面佈局能找到一個足以統攝或
烘托人物主題的場景設計與空間構成，讓那些戲劇性的「動作」表
象可以貼切無間地融入，無論其場景為象徵或寫實、想像或抽象、
現代或復古。譬如《欲望法輪》中破碎的玻璃旋轉門嵌著男女性愛
動作的高潮反覆，《竹藪中》充滿復古情調的翠綠竹影間若隱若
現、幽微曖昧的偷情與偷窺；《隱喻的隱喻》中日常的房間一隅，
床上床下，男人、女人、小孩永遠糾扯不清的家庭羅曼史。

　　而在《對奕》中，一對男女裸裎相對，卻神態專注於矮几上的
棋局。日常性的動作與日常性的場景溶合無間中彷彿煞有介事而
又不著痕跡。馬奈的《草地上的午餐》出其不意的日常之裸與德魯
窪的《手》若無其事的潛意識之裸，在這裡形成另一種極度「泛色情
化」，而又極度「去色情化」的超前衛的「猥褻之幕」。在煞有介事的
動作表象中，因為出其不意，所以準確。因為若無其事，所以無
限曖昧。

　　張振宇曾講過很喜歡黑澤明的電影，他的畫也正如同黑澤明
的電影，以一種古典人文氣質的雄辯姿態，不斷提出各種普遍永
恆的形上學問題。重點不在於所提問題的實質內容與理念，而在

於提問的形式與氣魄。張振宇的人體畫就透過這種一種新古典表
象的提問姿態，達到了屬於他自己的「裸」的永恆再現。

《對奕》(1992)

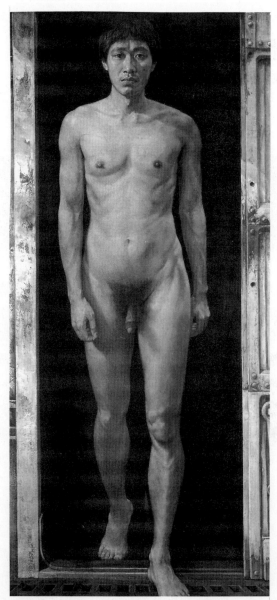

《自畫像》(1985)

犬儒圖

論蘇旺伸的「狗的世界」

台灣美術這幾年的鉅大變化，很明顯的是解嚴以來整個時代社會鉅變的一部分。我們可以很輕易的說，台灣美術的變化「反映」了整個時代社會的潮流。問題是，是怎麼樣的「反映」呢？乍看之下，八〇年代末的政治解嚴社會解禁，似乎使台灣的藝術家們在一夕之間突然覺醒，突然發現社會現實的存在。因此，所謂「反映」，最簡單的說法就是藝術家們開始用作品來反映社會現實。比較學術性的說法則是，寫實主義開始成為台灣美術創作的主流。但是問題顯然並不這麼簡單。因為在大部分的創作中，無論是前衛藝術的達達、超現實、觀念、行動、裝置，或是現代主義的抽象、表現、構成、極限，都看不出有什麼寫實主義的影子，更不必說各種超前衛與後現代了。該怎麼說呢？也許可以這麼說，台灣美術這一波的「寫實主義」潮流，不能以傳統的狹義的寫實主義觀點來衡量。我們必須提出一套更廣義的寫實主義架構。借用彼得・柏格(Peter Buger)《前衛理論》的說法，問題的癥結並不在

於藝術作品的內容是否反映了社會現實的客觀狀況，而在於藝術作為一個「體制」(institution)，一個領域與部門，和整個社會現實的系統(system)有什麼樣的關聯。在這意義下，這一波的「寫實主義」潮流，其實是一種企圖將藝術重新帶回社會現實脈絡的「前衛運動」。所以整個創作方向的重點，並不在於從作品的「內容」來反映社會現實，而在於從作品產生的「效應」來介入社會現實。

□

在過去，台灣美術真的像是一個完全抽離社會現實脈絡，遺世獨立的「自主性領域」(autonomous sphere)。直到解嚴解禁以降社會力經濟力的衝擊，才將這塊遺世獨立的「自主性領域」重新捲入整個時代現實的洪流。前一兩年，由於房地產商人以及股市游資的投入，帶動炒畫價如炒股票的畫市狂飆現象，正可視為台灣美術解除「自主性領域」的藩籬，重新介入社會現實的市場經濟系統。

所以，台灣美術在創作上的「寫實主義」轉向，與其說是反映了台灣的社會現實變遷，更好說是反映了台灣美術本身作為一個「體制」的變遷。新生代畫家蘇旺伸的畫風轉變就是一個典型的例子。蘇旺伸早年的畫風明顯的可歸為「精英現代主義」(high modernism)的系譜，抽象、構成、表現等等不一而足。至88年轉為卡通漫畫式的童趣造型，愈後來則社會政治的現實色彩愈濃。此一從抽象到具象的寫實轉向，就更多的反映了台灣美術本身體制變遷的創作風氣。不同的是，相對於前衛藝術系譜的創作者可以毅然揚棄學院訓練的平面繪畫技巧，改以觀念、行動、裝置來直接回應現實體制時代潮流。蘇旺伸則仍堅持現代主義本色，執守畫布的二度空間，從作品本身的內容與表現，以一種曲折間接的

方式去「反映」時代社會。

□

　　那麼，就讓我們暫時懸置藝術作為一種體制的考慮，直接從作品的畫面來看看蘇旺伸如何「反映」時代社會，首先映入眼簾的，就是「狗」！狗出現在蘇旺伸的畫中，大概是在88年，多為卡通漫畫式的可愛小狗，配以積木房子綠草的童話繽紛背景。到90年，那些可愛小狗彷彿一下子躍過了某道神秘的成長門檻，躍入一個陰鬱、蒼涼、半抽象半具象的世界背景，變得面貌模糊，蹤影飄忽，四下流竄，結黨、爭食、搏鬥，不時流露淒厲狂猖狀。而此次個展多為92、93年的作品，狗的形象與活動背景又轉趨鮮明，甚至時有頗為明顯的現實時空指涉。該如何看待這一系列的狗的轉型？

□

　　也許應該先問：為什麼是狗呢？睹物思人，畫家專畫某類事物，無論是否有所指涉，首先反映的還是畫家本身的風格、氣質、生命情調。蘇旺伸也畫貓，偶而還畫老鼠，但畫的最多的還是狗。狗可能是各種動物中最為「人性」的一種，所以人也最常被比做狗。多半是罵人的話，譬如說「像狗一樣」，「比狗都不如」。也有感慨與自我解嘲，如「亂世之人不如狗」。當年孔夫子被人調侃「纍纍若喪家之犬」，還欣然笑曰：「然哉！然哉！」無獨有偶，西洋古代的犬儒學派（cynicism）也是蘇格拉底的傳人。犬儒者，顧名思義，就是寧願像狗一樣生活的人。而無論是「像狗一樣」的嘲諷憤慨，或是「人不如狗」的解嘲感慨，都可算是一種廣義的犬儒主義。也許這真的是一個阿貓阿狗人五人六的時代，所以某種程度的犬儒變成無可免俗的處世之道。蘇旺伸的「狗畫」又算是那一種犬儒

呢？據畫家自己講，他在八〇年代末也曾親身參與不少社會運動的現場，「如五二〇」、「老兵返鄉」等等，那些人給他的感覺真的就像「喪家之狗」。這很可以解釋為什麼 88 年的畫有狗也有貓，因為那時候的狗還是家庭寵物，和貓的地位差不多。到 90 年，貓不見了，因為狗已從家庭寵物淪為喪家之狗。畫中蒼涼模糊的無名背景正是一種「無家性」(homeless) 的表現。而在此次個展的作品中，喪家之狗又從蒼涼模糊的無名背景重新回到人間的場景，穿梭於各種形式的建築與領域之間。

　　□

　　讓我們回到「反映」的問題。人們習慣把「反映」理解為一種鏡像反映式的表象關係 (representation)，無論是寫實主義式的直接反映，或隱喻象徵式的間接反映，都預設了一套「符應」(correspondence) 或「類比」(analogy) 的表象關係。蘇旺伸畫中的狗就很容易被納入「類比」的表象關係，視為一個隱喻或象徵的符號，用來表象人的世界。換言之，把狗的形象視為人的反映，在狗的世界與人的世界之間尋繹出某種類比對照的關係。此一表象式的反映觀，蘊涵著一整套歐氏幾何的透視法，認為作品畫面與外在世界之間是一種模仿再現的對映關係，畫中世界只是外在世界的反映投影，是名符其實的「世界圖像」(world picture)。但正如同歐氏幾何並不是唯一的空間形式，在這裏我們想提出另一種反映觀，不再是幾何透視的表象反映，而是一種拓璞學的映射 (topological mapping)。問題不再是如何用某一種事物來表象再現另一事物，而是同一事物的原胚映射至不同空間不同向度的轉換 (transformation) 與變形 (metamorphose)。從拓璞學映射的觀點，我們不再把蘇旺伸的狗看成一個隱喻或象徵的符號，而

是看成同一造型元素(figure)的轉換與變形。狗的造型作為一系列畫面中的「角色」與「主體」,其實是一個戲劇性的「動作」要素(action)。相應於「動作」的進行,則是各種戲劇性「場景」(scene)的開展。狗作為一種造型與動作的元素,並不需要隱喻什麼或象徵什麼,牠直接就是一種「自我形象」(self-image)的投影與變形,牠所活動的場景則是一系列「世界圖像」的映射與開展。

□

　　90年、91年的作品,狗的造型動作多居於畫面主體的位置。此次個展,則可發現「場景」已取代「動作」成為畫面的「主體」,狗的角色已退居為提示場景的指標(index)。一系列的場景是一系列的世界圖像,無論是外在現實的社會世界或自然世界,或內在心靈的想像世界。狗的造型動作作為一種「自我形象」已隱身於「世界圖像」之間,成為整個畫面構圖佈局中的運動點或靜止點。在一系列的場景中,「官邸」系列是一個主要場景,《校園》、《圓環邊的機關》等畫亦可列入同一系列。這些畫多採取一種俯視的,而又反透視的類似兒童畫的扁平透視。畫面中,「在」(presence)的是傳統封建官僚體系的官邸建築以及零落穿梭其間的狗。人則總是「不在」(absence),要之,也只有銅像,有時連「銅像」亦「不在」,只留像座。在《校園》中,銅像甚至如雜耍般倒立,被三三兩兩的狗圍觀。這一系列場景明顯的是後解嚴情境的映射,由人的「不在」與狗的「在」推演著「人去樓空」的傳統封建官僚體的僵化解體、名存實亡。這一系列作品的造型色調都趨於陰鬱、灰暗、沈悶、遲滯、封閉。《聽道》一畫亦然。據畫家自己講,這是有一次在鄉下四合院聽一位友人長篇大論的說教,極不耐煩,覺得只有狗在聽的戲作。可是畫中的狗卻不像在四合院,而像在一個奇異封閉的

內室空間。

□

　　《穿牆樹》、《燈下》、《夜鬥》、《土地公的轄區》等畫可算是離開傳統的封建官僚空間，進入中間或邊緣地帶的另一系列。《穿牆樹》的狗仍在官僚建築的敗牆頹瓦邊徘徊。《燈下》的狗則逡巡於路燈光暈內外淒涼與溫馨的中間地帶。《土地公的轄區》以單一色調展現出一個凝煉、深沈、純淨的神秘幽暗背景，透過群狗零落四散的移動以及右上一角小土地祠的佈局，指向某種世俗性與神聖性交界的邊境地帶。

□

　　《祭典》、《樹下界石》、《河邊共和國》等畫則又從神秘幽暗的中間邊緣地帶，進入一個「陽光之下無鮮事」，卻四處充斥著荒謬奇趣，聖俗不分的日常世界。《祭典》、《樹下界石》皆為凝煉純熟之作，畫中群狗相對於《土地公的轄區》的發散式佈局，轉以一樹為中心呈收束集中狀，形成某種不可言喻的日常儀式景觀。至《雲端》一畫，更索性以超現實筆法諷喻「一人得道，雞犬升天」的俗世心態。畫中的雲端有一張空椅以及騰雲升天的群狗，得道的人還是「不在」。

□

　　蘇旺伸的狗作為一個造型與動作的元素，穿梭於政治、社會、宗教一系列現實與想像的場景，畫出了屬於他自己的犬儒隱身變形的逃逸路線。

《官邸 II》(1992)

《校園》(1993)

從「宇宙精神」
到「本土意識」
論楊成愿的「台灣近代建築」

　　留日畫家楊成愿的畫風傾向於超現實主義。1987年首次個展
的「化石與空間」系列，在表現形式上就充滿超現實主義常見的風
格技巧。諸如米羅式的夢幻意象、克利式的幾何結構與音樂韻律
的線條符號、達利式的太古洪荒的化石貝殼……，這些造型元素
全都在一個沒有深度透視的平面空間裡，呈遠近參差的星羅棋
布。畫面背景上還時有一兩處被割開掀起一角般的裂縫洞隙。相
對於這樣一套超現實的表現形式，則是一種「宇宙精神」般的內容
形式，超越任何特定的歷史現實時空，使史前洪荒的原始思維和
知性抽象的幾何思維相互滲透融合。

從「宇宙精神」回歸到「本土意識」
　　而90年的「台灣名蹟」、92年的「台灣時空」以及新近的「台灣
近代建築」等系列，卻呈現出頗異其趣的轉變。雖然在表現形式上

仍保留不少超現實的特質，但是整個內容形式則已從超越時空的「宇宙精神」轉換為回歸台灣歷史現實的「本土意識」。

以 90 年的《墾丁微風》為例，畫中仍有達利式的化石貝殼與洪荒蒼穹的背景，卻突兀浮現出台灣的島形山陵輪廓、墾丁燈塔等等。此一從「宇宙」到「本土」的回轉頗堪玩味，無庸諱言，回歸本土是當前整個政治文化生態的時勢潮流所趨，並不難理解。更值得玩味的是：「如何回歸？」換言之，就是：「如何表現？」當回歸本土已成為此間美術界一種不言而喻的基本姿態，當「本土意識」已成為創作上普遍預設的內容形式，那麼，真正的問題便落在「如何表現」上。

對此，吾人不應預設任何立場成見。什麼樣的表現形式適用於什麼樣的內容形式，並無任何先驗判準可循，只有從作品本身實際的表現效果來衡量評估。在「本土意識」這個大名目之下，原本就有待於各種不同的表現形式，來發掘不同面向的內容形式。

以超現實畫風詮釋「本土」

職是，楊成愿的台灣系列在現階段的意義，或許就在於對人云亦云的「本土意識」提供了另一個可能的註腳，使得錯綜迷離的台灣歷史現實，在印象、寫實、象徵、表現，乃至於各種後現代、超前衛之外，又遭遇到另一次超現實的純粹風格實驗。較諸台灣過去已有的超現實畫風，楊成愿的作品顯得格外清新、明麗、靜謐，予人耳目一新之感。

風格中摻有「普普」藝術元素

除了超現實之外，似乎還有不少普普藝術的風格元素。其實，

克利式的文字圖像符號並置的布局結構原本就極富裝飾趣味，所以可以很容易就轉化為普普藝術的混成雜燴風格(pastiche)。楊成愿的台灣系列中，如果有些作品看起來就像是日常習見的海報招貼，即可從普普的觀點來理解。普普對大眾文化流行影像的挪用複製，兼具嘲諷諧擬(parody)及通俗懷舊(nostalgia)的雙重旨趣。而在「台灣近代建築」系列中，通俗懷舊更發展為歷史回溯的復古考掘。

通過超現實與普普的混成雜燴的表現形式，本土意識的內容形式也成為一連串雜碎、片斷的意象。換言之，本土意識成為一種片斷化意識(fragmented consciousness)。在片斷化意識的反映下，環繞著台灣歷史現實的一些熱門議題，諸如台灣近代的移民與殖民歷史，台灣的版圖與身分認同的定位問題，台灣的歷史人文景觀與自然景觀的破壞流失等，都成為一系列印象式標籤式的符號、指標、象徵。「台灣近代建築」系列即是將總統府、博物館等日據時代留下的建築圖騰，和各種以「日式漢字」和舊式量規測製繪製的台灣古版地圖拼貼並置，試圖為台灣近代的歷史人文空間的遞嬗變遷重畫「地圖」，重寫「編年紀」。

「文字、圖像」意涵成為畫中的謎

而在片斷化的本土意識中，「地圖」與「編年紀」也成為充滿懷舊色彩與諧擬趣味的「拼圖」與「斷簡殘編」。這免不了會造成解讀上的困難，尤其是文字圖像符號間的意義關聯更是曖昧難明。有幾種可能的解讀方式，一種是克利式的，不再把圖文的關係看成表象式的意義聯結，而是把文字符號看成裝飾性的圖像，同時也把圖像看成裝飾性的符號。另一種是普普式的解讀。在這意義下，

楊成愿對台灣古版地圖的考掘，就和一般本土意識論述的歷史翻案文章頗異其趣。一般的歷史翻案文章皆帶有某種「意識形態批判」的意味。而片斷化意識的「拼圖」所反映的，則並不是什麼意識形態的世界圖像，而是一種「形象學」(imagology)的觀點。形象學並非邏輯一致的思想體系，而只是一連串富啟發性煽動性暗示性的符號，意象、圖騰，也就是一般常講的形象包裝策略。形象學正是普普反諷諧擬的主要對象，因為在大眾時代，形象學早已取代了意識形態的統治地位。從普普的觀點，「台灣近代建築」正是一種「形象學的諧擬」，而非「意識形態的批判」，所以無需強加任何意義象徵的解讀。

諧擬的超越

解讀侯俊明的「圖」「文」

　　侯俊明的《極樂圖懺》以及《搜神》系列，以圖文並置的形式模擬轉化傳統民俗版畫的體材風格，營造出詭異突梯的人物造型，配以曖昧莫名的文字，構成一種「看圖說話」式奇特而幽默的表達。很明顯的，這一系列的「圖」(figure) 與「文」(text) 不僅具有「可看性」，更頗具「可讀性」。但是其「可讀性」不只是《極樂圖懺》的懺文或《搜神》的傳奇志怪在文字敘述上的意涵，也不只是「圖」與「文」之間曖昧歧異的意義聯結。可以這麼說，這一系列「圖」「文」真正耐人尋味的「可讀性」，不在於畫面上可見的圖像框框，而在於畫面外不可見的觀念框框；不在於圖文並置的「陳述內容」(subject of statement)，而在於「說出」整個「圖」「文」的「發言主體」(subject of enunciation) 究竟在說些什麼，向誰發言？

□

　　換言之，要解讀侯俊明的「圖」「文」，需要先設置一些觀念的框框，通過這些框框去掌握「圖」「文」背後的「發言主體」。這些框

框不是別的，就是由作品本身所開啟的匪夷所思的「問題架構」
(problematic)。至少可以發現兩個「問題架構」。第一個就是前衛
藝術(avant-gard art)中，由杜象所提出的「藝術是什麼？」的「問
題架構」。第二個則是現代主義(modernism)中，克利與康定斯基
切斷古典的表象關係(representation)所開啟的「圖」「文」分離的
「問題架構」。

□

在「藝術是什麼？」的「問題架構」中，杜象以「小便池」、「腳踏
車輪」的「現成物」(ready–made)嘲弄諧擬了把藝術當作一個「自
主性領域」的布爾喬亞美學，進而顛覆西方現代的藝術體制，導出
了「反藝術」的極端結論。所謂「諧擬」，就是刻意誇張模仿一個對
象的特徵，以突顯暴露出對象自身的荒謬可笑。所以諧擬的顛覆
邏輯是一種幾何學的「歸謬證法」：將預設的前提推到極致，導出
謬誤的結論，以反證前提自身的謬誤。

□

杜象的「問題架構」是一個「極限」，藝術在這個「極限」上否定
自己，取消自己。通過杜象的「問題架構」，解消藝術的自主性神
話，後杜象時代的藝術家不得不致力於一件事：從「反藝術」的「極
限」上折回來，折回到生活世界的日常實踐脈絡。於是我們看到了
超現實主義、觀念藝術、行動藝術、裝置藝術種種光怪陸離、驚
世駭俗之舉。這其中，也許只有普普藝術真的完成杜象。透過美
式大眾文化的現成物挪用以及商品影像的拷貝複製，普普真的把
藝術帶回日常生活世界。

□

在前衛藝術的問題架構中，侯的「圖」、「文」達到了兩點。第

一，相對於普普挪用美式大眾文化以及商品影像複製，侯則挪用了民俗文化(folk culture)體裁以及傳統版畫的複製形式，亦可說是在反「全球主義」的「區域主義」浪潮下，一種草根性、地方性的普普。第二點更為重要，那就是侯對民俗文化的挪用轉化已超越了諧擬式的純粹否定顛覆，而展現出一種奇特而幽默的肯定精神。侯的作品被歸類為「超前衛」或「後現代」都無所謂，重要的是這超越諧擬的肯定精神，這才是「圖」、「文」背後真正的「發言主體」。

□

此一肯定精神的發言主體，在現代主義「圖」、「文」分離的「問題架構」中，表現為「圖」、「文」的重新聯結。按照傅柯的說法，現代主義的「圖」、「文」分離，是為了打破古典的表象關係，將畫中「可看」的部分與「可說」的部分同時解放出來，使之穿插交錯，並行不悖，各自達到自己的極限。從克利與康定斯基的符號圖像並置，到瑪格麗特的《這不是一根煙斗》，都是「圖」、「文」分離的思考實踐。在現代電影中，則表現為高達、莒哈絲等的「音」、「畫」分離。現在的問題是：如何將分離的「圖」、「文」重新聯結起來，而不落回古典表象關係的傳統窠臼？侯俊明的「看圖說話」以一種既斷又連，似有若無的圖文並置形式，的確重新達到一種非表象式的「圖」、「文」聯結。無庸諱言，侯的作品如果少了「文」的「可讀性」，那些「圖」的「可看性」亦將大為遜色。《極樂圖懺》的懺文以第二人稱的命令句式：「你當……」赤裸指陳存在的畸零病態以及超克之道，成為近年來少見的「勵志格言」。如《行樂圖》畫兩個裸身披髮男子面對面戴同一幅枷鎖，互相揪扯對方的陽具，文云：「沒有人能真切的明白你在做什麼但你們仍應相知相惜。」《偽善圖》文

云：「不要恐懼你自身的欲望人生的真義即在於以善良形象對慾望做積極的實踐。」對於存在(existence)本身，對於生命與欲望的單純肯定，才是超越諧擬，彌補「圖」、「文」裂痕的最終憑藉。一切的反諷、嘲弄、抗爭、顛覆，並不是出自否定的報復心理，指向毀滅性的笑，而只是對存在與生命本身的歡愉肯定。這是一種存在主義的犬儒實踐，透過諧擬民俗體裁的「矯飾主義」(mannerism)，在「超前衛」與「後現代」的逃逸轉進中，超越不快樂意識的現代犬儒(cynicism)，回到歡愉抗爭的古代犬儒(kynicism)。這個存在主義的犬儒，才是真正說出一切，肯定一切的「發言主體」。

□

到了《搜神》系列，這個犬儒的「發言主體」進入了更為誇張的「矯飾主義」的諧擬實驗。一批批造型更為詭異猥褻的「圖」散發給文藝界劇場界的朋友，讓他們各憑想像「看圖說話」，各自杜撰出一套套極盡怪力亂神、狎邪意淫之能事的現代傳奇志怪，再由侯本人如稗官野史般予以編纂刪述的彙整。這一整套「托古擬制」的「圖」「文」複合的集體創作，用侯自己的話說，是整個「造廟運動」的一部分。

□

其實，托古擬制的「造廟運動」也罷，諧擬民俗的「矯飾主義」也罷，都只是一個媒介的過程，一個託辭藉口，最後仍須指回現時的存在本身。侯俊明表白道：「我在《搜神》圖文並置的系列創作裡，所企圖建構的是都會經驗下的現代神話經典。在游離的狀態下，斷裂地陳述著邊緣人的異化肉身成聖。」誠哉斯言！犬儒正是世界都會時代的游離分子。唯有通過犬儒的存在主義，怪力亂神的「造廟運動」才會進入嘉年華(carnival)式的狂歡氛圍，矯飾主

義的淫猥狎邪詭異的人物造型才會煥發出巴赫汀所說的怪誕
(grotesque)生命力，一種反官方嚴肅文化，屬於通俗喜劇文化的
肉體與物質的生命原理：低俗、卑賤、噁心、排泄、生殖、畸零、
變態。侯俊明偏愛刑天的神話：「刑天與帝爭神，帝斷其首，刑天
乃以乳為目，以臍為口，操干戚以舞。」並非偶然。唯有源自存在
與生命本身的歡愉肯定與頑強抗爭，才能讓一切畸零、變態、肢
離、斷裂通通躍入死亡與再生、毀滅與創造的生成變化(becom-
ing)之流。才能使人間各種異化、物化的不堪狀態都轉化為欲望積
極的逃逸變形，踰越僵化的人的形式，變成動物，變成植物，變
成女人，變成兒童，變成異端他者，變成小眾邊緣，變成秘密，
變成強度，變成不可知覺……，斷首起舞的刑天，作為現代都會
犬儒的神話原型，就猶如一個「沒有器官的身體」，沒有區格的原
始生命剖面，在其上繁衍再生出各種「異化肉身成聖」的人間變
形。

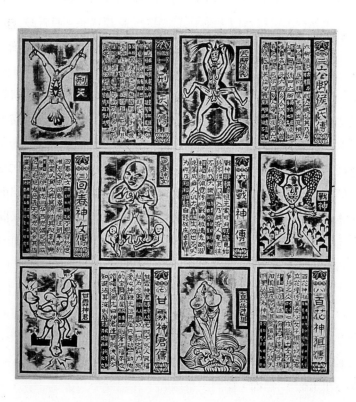

心靈的褶曲

論連淑蕙的「窗簾系列」

美，並不是不可能的。這是第一次看到連淑蕙的窗簾系列時，一種近乎出其不意的驚奇與驚喜。在這樣一個光怪陸離而又見怪不怪的年代，竟然還能看到如此賞心悅目的優美畫面，反而令人感到有點不可思議。怎麼這麼輕易就達到了呢？這是如何可能的？在這樣一個把不可思議當作日常現實來過的「不可能的年代」，最平常的可能反而變得愈不可能，「美」便是一個比不可能更不可能的日常可能範疇。這是如何可能的呢？也許畫家的優美畫面本身就是最好的回答，就如唐詩的名句：「洛陽親友相問，一片冰心在玉壺。」然而，我們還是要問：在這個不可能的年代，「美」是如何可能的？

□

法國哲學家李歐塔(Lyotard)的後現代論述曾提出一個頗引起爭議的著名講法：現代主義和後現代主義的美學都不再談「美」，而是指向「崇高」(sublime)。根據康德美學，「美」是知性

(understanding)與想像(imagination)之間和諧協調的自由遊戲(free play)所喚起的愉悅之情。知性是一種思考事物的能力 (faculty to conceive of something)，想像則是一種呈現事物的能力(faculty to present something)。審美的愉悅就在於想像所呈現的形象(image)和知性所提供的概念(concept)處於一種自由無拘而又協調一致的和諧狀態。相反的，「崇高」則產生於想像和理性(reason)之間極度不平衡的強烈衝突狀態。理性所提供的理念(idea)作為一個「絕對」或「無限」的整體，完全超乎想像力所能表現的範圍。「崇高」便是想像力被逼到自己的極限，去表現那「不可表現者」(unpresentable)所產生的既痛苦又愉悅的曖昧弔詭之情。美的形象是一種抽離現實功利脈絡的純粹表象與純粹形式。「等高」所指向的「不可表現者」則逼使想像力在自己的極限上打破表象，扭曲形式。正是在這意義下，現代主義和後現代主義被界定為一種崇高的美學，它們以令人不快而又亢奮的極端表現方式表現出現代生活不可表現的驚奇與混亂。

□

　　李歐塔的講法很顯然的有問題。「崇高」固然是一個重要的現代藝術徵候，但無論是在現代主義或後現代主義，「美」仍然是可能的，而且一直是最基本的範疇向度。問題在於，我們不可能再回到夕陽漁舟之類已成陳腔濫調的詩情畫意，不可能再回到印象派的風景靜物或古典寫實的裸女。我們需要新的形式與表象來重新界定「美」。連淑蕙的窗簾以其優美褶曲的半透明形象，層疊柔膩的肌理質感，靜謐拂動的韻律節奏，幽微恍惚的吉光片羽，重新展現失落已久的「美」的範疇，為已成陳腔濫調的詩情畫意注入清新神祕風格。它們是如此的賞心悅目而又若有所思，任憑知性

與想像優遊其間，凝神觀照，渾然忘我。

□

　　一切都要回到生活世界重新予以定位。「美」是日常生活形式的暫時抽離，是在生活世界的段落空隙間一種暫時懸置的中間狀態(milieu)。「崇高」則是日常生活形式的分崩離析，是一直壓抑潛藏在生活表面下不可說，不可表現的極限狀態(limit)。「崇高」是想像力對生活世界無可超越的超越，無可否定的否定，它是無可承受的，只能一觸即退。因為一個人不可能走得比生活更遠。生活總是生活在某種中間狀態，而不是生活在臨界邊緣上生死一線的極限狀態。所以，連淑蕙的窗簾在生活世界的段落空隙間暫時懸置起一個純粹美學性的中間狀態，將崇高的理念衝突、生死極限擯退到窗簾之外。這似乎是一種逃避與隱遁，只是停留在中間，不敢逼臨極限。然而，停留在中間不就是一種最難以忍受的極限狀態？還有什麼比日常生活本身更令人難以忍受？一個人不可能走得比生活更遠，生活在中間就是生活在極限，日常生活的極限。連淑蕙的窗簾是中間，也是極限，是懸置在各個極限之間的中間。

□

　　「窗」是一個最常見的繪畫視覺表象的基本隱喻。畫布就像一面窗，透過這面窗可以看到畫布之外的真實世界，無論是外在的物質世界或內在的精神世界。而二十世紀現代藝術的主要精神，就是要否定把畫布當作一面窗的表象思維。它們表現為兩種極端的反表象運動。一是前衛運動，索性就撕裂畫布，打破表象之窗，直接走到畫布之外的立體空間。從畢卡索和布拉克的立體派拼貼畫開始，以及杜象的現成物以降，歷經觀念藝術、集合藝術、裝置藝術、行動藝術、環境藝術、地景藝術，前衛運動一步步更為

極端的否定畫布平面來達到反表象的極限。另一個極端則是現代主義，它剛好反其道而行，它是回到畫布本身，回到畫布表面的純粹平面性，力求還原出最為本質的繪畫性。畫布不再是一面窗，不再反映任何外於畫布的真實，只反映畫布本身的表面。畫布本身就是真實，就是一個獨立自足的視覺系統。就如同一面窗被密閉封起，整個塗抹成不透明，看不到任何外界事物，只看到窗玻璃本身的質地、肌理、色澤。前衛運動粉碎了畫布的表象之窗，現代主義則力圖將畫布的表象之窗抽離封存起來，則之成為一個孤立、絕緣、封閉的純粹實體。此一路線依然是始於畢卡索與布拉克的立體派，從打破透視法單一視點的立體幻覺，一步步走向抽象主義，絕對主義、極限主義的封閉平面。

□

連淑蕙的窗帘無疑的是向著現代主義的封閉平面拉起的。藝術家克勞斯(Krauss)將這個封閉平面界定為一種「格柵」(grids)：「格柵宣告現代主義的沈默意志 (will to silence)，它對文學、敍事、論述的敵視。……它在視覺藝術與語言藝術之間設下的柵欄已近乎完全成功地將視覺藝術圍入一個排他性的視覺領域，抵禦言語的入侵。」「此一沈默不僅是由於格柵作為一種抵禦言語的障礙的極端有效性，更由於它抵禦所有外界事物入侵的網絡的防衛性。沒有任何腳步的回音在空室中，沒有任何鳥叫在開放的天空，沒有任何遠水的湧流──因為格柵已將自然的空間性崩解在一個純粹文化對象的封閉表面上。」我們不難看出，現代主義的「格柵」是康德的美學範疇更為純粹極致的實現。

□

連淑蕙的窗帘是向著現代主義的「格柵」拉起的。它一方面似

乎一步步逼臨「格柵」的極限，同時又在逼臨的頃間卻步觀望猶豫，游移懸置在極端曖昧閃爍的中間狀態。克勞斯指出，現代主義的「格柵」可以回溯到十九世紀象徵主義的窗子找到它的原型。象徵主義的窗子既是透明地反映外界真實，也是隱晦地只反映畫布自身。連淑蕙的窗帘在某個意義上可說又回到象徵主義的窗子，但又更進一步逼近現代主義的「格柵」，所以也就更為曖昧微妙，難以言喻。在最淋漓盡致的幾幅作品，即可以看成是寫實的，也可以看成是象徵的；既可以看成是印象的，也可以看成是抽象的。它介乎沈默與敍述，表象與非表象的微妙頃間…。它一方面走向純粹視覺性的「忘言」境界，一方面又「此中有人，呼之欲出」，彷彿有許多故事正要開始述說；它一方面逼臨純粹封閉的內在狀態，一方面又在光影恍惚間向某個「外在」開放。

□

　　然而，連淑蕙的窗帘所構成的內在狀態，既使是最接近現代主義「格柵」的那幾幅，也都不只是一個畫布表面的內在封閉系統，它們同時也是某種主觀思維情緒的內在意識狀態。現在的問題是，畫家如何從外在的窗帘物象一下子就進入內在的意識狀態？窗帘的物象本身是否具有什麼特殊的屬性與樣式適宜表現主觀的思維情緒？

□

　　法國哲學家德勒茲在研究十七世紀哲學家萊布尼茲的專著中，重新界定整個巴洛克時代的精神：「巴洛克並不是指一種本質，而是指一種運作功能，一種特性。它無限地產生褶曲(fold)。巴洛克的褶曲向所有方式開展至無限。首先，巴洛克以兩種方式分化它的褶曲，沿著兩種無限性移動，好像無限性是由兩階段或

兩層樓所組成：物質的褶曲與靈魂的褶曲。」所以巴洛克的建築有
兩層，下面的一層是公共開放的空間，建築的正面外觀(facade)有
許多與外界流通互動的窗孔與出口。它象徵著物質的重力系統，
不斷產生褶曲與漩渦的流動與互動。上面的一層則是一個密閉的
私人暗室，裝飾著多樣化褶曲的布帘帷幕。它象徵一個無重力的
心靈系統，它就是萊布尼茲所講的「無窗的單子」(monad without
a window)，一種純粹內在性的精神單元。「單子最本質的是它
的黑暗背景，每件事物從其中衍伸出，沒有任何事物來自或進入
外界。」為什麼要把心靈界定為這樣一種封閉狀態？德勒茲寫道：
「這是一種對世存有(being-for-the-world)的傾向來取代在世存
有(being-in-the-world)。封閉是對世存有的條件，封閉的條件支
持著有限者的無限開放，它「有限地表現著無限性」，它賦予世界
在每個單子中不斷重新開始的可能性。世界必須被置於主體之
中，以便主體可以對這個世界而存在。這是構成世界之褶曲與靈
魂之褶曲的樞紐。」

□

　　巴洛克建築所象徵的物質與心靈的兩層世界是各自獨立，並
行不悖的。但是在兩層世界之間存在著一種「預定和諧」的微妙對
應。連淑蕙的窗帘似乎也是一個巴洛克式的私人暗室，一個封閉
的單子。它多樣化的帘幕褶曲是物質的褶曲，也是心靈的褶曲。
我們無法分辨到那裏為止是物質，從那一點開始是心靈。這世界
總正置入心靈的內在封閉狀態，封閉是為了重新面對這個世界，
重新向這個世界開放。窗帘的半透明褶曲是世界之褶曲與心靈之
褶曲的曖昧界面，是「內」與「外」的逆轉樞紐，是無限游移的中間
與邊界。

　　連淑蕙的窗帘作為一種純粹的美學狀態，一種曖昧的中間狀態，一種封閉的內在狀態，究極而言，是一種「有限性」(finitude)的開顯與隱蔽。「有限性」是空間的有限性，同時也是時間的有限性。在康德哲學中，時間是先天的內感形式，「我思」的構成根源。想像力就是一種時間圖式的構成。連的窗帘不只是外在物象的描繪，就在於窗帘的褶曲、光影波動的韻律觸及了時間作為一種內感形式與想像圖式的構成，窗帘的物象因而被置入一種「內在時間意識」之流。它比印象派的靜物畫更進一步，不是將時間之流凝止凍結在某個瞬間的印象，而是從某個瞬間的印象去直接構成褶曲波動的時間之流，就如一幅作品的標題：「流動中的靜謐」。這是時間的基本弔詭：事物在時間中不斷變化流逝，時間的形式本身卻是不變的。就如同小津安二郎靜止的框架鏡頭中，懸在晒衣繩上微微翻飛的衣物：一個直接的「時間—影像」(time-image)，正因為靜止，所以才能直接逼顯出事物在時間中的變化以及不變的時間形式本身。德勒茲講，藝術致力於使不可見的時間成為可見。連淑蕙的窗帘在「流動中的靜謐」中，塑造了另一種最為日常而又最不可思議的「時間—影像」。

□

　　一個人不可能走的比生活更遠。然而，生活本身又能走多遠呢？連淑蕙的窗帘就懸置在生活的間隙。不需要走到不可能的極限，任何日常事物皆有可能成為藝術表現不可思議的極限。

《結》(1994)

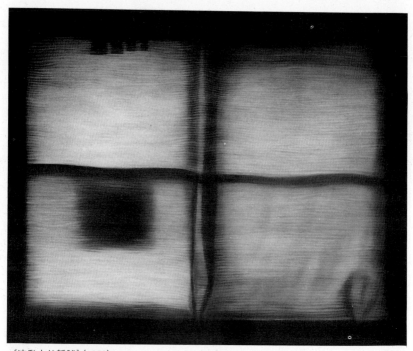

《流動中的靜謐》(1993)

輯參

鐘面之外

鐵鏽中的人文力量

林良材的「鐵雕」

羅丹雕塑熱潮隨著美術館展覽的結束而慢慢冷卻下來，但是
對於台灣觀眾的美術欣賞而言，無疑的還只是一個開端起步的準
備。和莫內同年的羅丹，作品本身的藝術價值自不待言。但是從
美術史的角度來看，羅丹和莫內可定位為現代主義前夕的偉大先
驅。他們將傳統的古典主義與浪漫主義推到了模糊邊界的極限，
預示著現代主義狂飆荒謬風潮的到來。所以莫內旋風與羅丹熱潮
兩大展覽，對台灣觀眾的最大意義或許就在於，順應著泛印象寫
實派的既定品味，往前更推進一步，作為接近現代主義的準備。
無論是莫內畫中的浮光掠影，或是羅丹雕塑的模糊輪廓，都逼臨
了具象與超具象的曖昧界限，使觀眾可有初步的調適準備，好過
渡到現代主義全面解放形式與形象的極端風格。

以雕塑為例，在傳統觀念中，雕塑正是一般所說的將形式賦
予材料的典型藝術，無論是石雕、銅雕、木雕、泥雕。但是羅丹
有不少作品卻只在一大塊銅材上雕塑極小部分，換言之，只賦予

極少的「形式」，而讓材質本身的大部分保持原狀。到了現代主義的亨利、摩爾、賈克‧梅第，則幾乎看不見雕琢的形式，只見材質本身渾然一體的呈現。這是現代主義的基本精神之一，打破「形式／材料」的傳統二元觀，解放出材質本身物質性與宇宙性的生命力量。所以，對現代藝術家而言，發現一種新的材質，就如同發現一種新的表現形式，就如同礦工發現一道新的礦脈，可以不斷的開挖挖掘下去。

　　1993 年在台北愛力根畫廊展出雕塑的林良材，就從他新發現的材質──鐵片中，展現了現代藝術不可思議的物質生命力。在傳統觀念中，鐵怎麼可能成為雕塑的材料呢？林良材在 1985 年留學布魯塞爾的階段，就已展開一系列「斬釘截鐵」、「千錘百鍊」的實驗探索，終於以敲打、焊接、條狀綴補幾個基本的鐵片造型技巧，塑造出獨樹一格的「鐵人」系列的風格實體。這一系列「鐵人」，或半身，或全身，或臉與胸的局部，或單面的浮雕，或立體的拼置，或繁複，或簡練，無不煥發著鐵片本身特有的糙質肌理與鏽質色澤，形成某種氣質樸深沈凝鍊的獨特人文「氣質」。其中，《戰》、《防禦》、《無懼》幾件系列作品表現下半身肢體行走的姿態動作，更達到了簡練質樸的極致。較諸目前各種超前衛後現代的諧擬矯飾的混亂形式，顯得格外鏗鏘有力，沈著痛快。林良材透過鐵片材質的物質生命力，重塑了失落已久的崇高人文力量。

文人山水的迴光返照

簡論李可染與余承堯

　　奉為大陸國寶級大師的李可染，是畫如其名的「可染」。滿紙煙雲水氣，山嵐氤氳，瀰漫著詩情畫意的感染力，論時人譽為中國水墨的現代化。其實李可染的意義仍在於總結傳統。他將王維、董源、巨然以降文人畫主流「破墨山水」與「淺絳山水」的氣韻風采發揮得淋漓盡致，波瀾老成。而極為討喜的「鍾馗」、「犁牛」等人物寫意，則沿襲了文人畫旁支梁楷、牧谿的「禪畫」衣鉢。至於說對西洋水彩油畫中光影、寫生、透視等技法的吸收融合，仍是徐悲鴻學院派的寫實格局，不脫「中學為體，西學為用」的模式。耐人尋味的是，學院的背景與影響，很可能使其總結傳統水墨的「文人畫」成為現代的「院體畫」。

　　相形之下，余承堯的山水看似沒有那麼多的感染力，卻似乎更具革新性。他不取「破墨山水」的主流，獨自回到北宋范寬大山水格局的宏偉構圖與細緻筆觸。而其設色賦彩之明麗嫵媚，更凸破「破墨山水」的空靈無色，遙遙呼應褪色已久的唐代大李將軍的

「青綠山水」。相較於李可染水墨的波瀾老成，余承堯的筆法可謂
毫髮無憾。令人訝異的是，他的畫近看只是粗略的山形輪廓中一
堆雜亂無章或平板羅列的線條色點，毫不出奇。但後退七八步，
卻見重巒疊嶂，岩層壁立間浮現出一片蓊鬱青翠，空靈緜延；岩
層肌理更是質地細膩可觸。他幾乎完全不用傳統筆墨的皴法點
法，卻以無以名之的「亂筆」推演著看不出章法的線條色點作為造
形設色的元素，從近在眼前的畫布上營造出觀者在七八步之遙才
會看到鮮明視覺效果，真是「外師造化，中得心源」的最佳寫照，
和印象派大師莫內、秀拉分解光影形色的元素再予以拼圖組合的
革新畫法有異曲同工之妙。曾經半生戎馬、官拜陸軍中將的余承
堯，實在不依傍古人、不乞靈西方的慘澹經營中，繼大李將軍千
載之後，獨力塑造出余將軍的「青綠山水」，不啻是此間水墨畫一
片殘山剩水中的奇峰突起。

　　然而，無論是李大師詩情畫意的「破墨山水」，還是余將軍獨
樹一格的「青綠山水」，都仍未跳出文人畫的傳統格局，仍未真正
走進「現代」。李的消融西方技法仍是「中學為體」，余獨樹一格的
「亂筆」雖然在表現的形式上達到近乎印象派的革新，但在內容的
形式上仍未踰越文人畫精神的胸臆視野。文人畫的精神之「體」始
終沒有真正打破過。文人畫的最大問題就在於沒有開發出新的「問
題架構」來呼應新的時代格局。潛藏在山水世界背後的永遠還是農
村社會的傳統文人意識，所以無論技法如何革新，也只能表現林
泉高致、漁樵耕讀的士大夫情調。甚至於現代抽象水墨也沒有真
正打破文人畫之「體」。文人畫是現代世界的疏離者。李可染與余
承堯的藝術成就可說是文人山水停留在現代主義前夕的迴光返
照。

鐘面之外的時間意象

郭振昌的「神話時代現象」

　　神話是人類最基本的理解認知方式。因為唯有神話可以暫時克服人性存在中最普遍原始的焦慮恐懼。神話的想像是科學的理性所無法取代與取消的。德國哲學家布魯門堡指出，神話從來就不曾遠離我們，它一直在我們身上作用著。李維史陀則宣稱，對於神話的重述與再詮釋，本身就是神話的一部分。當代藝術中的超前衛與後現代近年來興起一股「重返神話」熱潮，其實無非是一直潛存我們身上的神話再一次的浮升冒現。當代藝術的「重返神話」本身就是一個神話，是對於整個時代的焦慮恐懼一種暫時的超克。

　　郭振昌在台北阿普畫廊展出的「神話時代現象—台灣篇」，就以極具個人色彩的造型、意象、圖式，重新詮釋中國神話的夸父逐日、伏羲女媧造人以及桃花源記的烏托邦傳說，企圖建構出一套回應時代精神的龐大象徵體系。相對於一般超前衛後現代對神話經典多採取片斷化引述的拼貼並置手法，以及反諷諧擬的遊戲

態度，郭振昌却在片斷化的拼貼並置中，蘊涵貫注著一股強烈濃厚的浪漫精神與創作意志，使得他的畫面橫溢著後現代失落已久的「大敘事體」(grand narrative)的史詩色彩，模擬表現著追逐崇高理想的偉大動作。題為《日以繼夜》的夸父逐日三連作便是此一史詩企圖的典型體現。圖騰般猙獰輪廓的神話巨人，手逐一輪炙手可熱的爛爛紅日，橫身凌駕於瑰麗似幻的冰川山稜與光風暈影之上，確有不可一世的史詩磅礴氣魄。而畫面下方置一現代鐘面的現成物拼貼，則具有頗為俏皮的畫龍點睛之妙。它反顯出史詩神話的時間和日常現實的時間是兩種截然不同的時間向度，却又須臾不可分離的重疊並置。法國哲學家德勒茲曾說過，所有的藝術都在於使不可見的時間成為可見，換言之，都致力於某種時間─意象的塑造。那當然不是指鐘面上可計量的時間，而是鐘面外不可思議的時間根源與永恆形式。夸父逐日的神話原型正是一個回溯時間根源而不可得的永恆象徵。郭振昌的《日以繼夜》透過神話圖式與現代鐘面的拼貼並置，形成某種耐人尋味的獨特時間意象，成為畫家回應「神話時代現象」的曖昧象徵。

　　值得一提的是郭振昌慣用粗黑線條作為造型原素，它介乎國畫的線造型與西畫的面造型之間而別具一格，配上壓克力顏料獨有的膠質亮麗色澤，使其畫面帶有一種民俗版畫趣味與宗教壁畫風格之瑰麗鮮明的想像層次感。

自我風格的「形象學」

鄭在東的「水手與箱子」

　　鄭在東的畫充滿極其個人化的意念性，加上即興式的直接塗抹技巧，有點壞畫(bad painting)趣味的樸拙造型，使人覺得畫家簡直是「想什麼就畫什麼」。如此率性突兀的塗鴉作風，令人印象鮮明，也往往令人難以置評。

　　意念性取勝的繪畫，最大的問題就在於畫家所提出的意念是否足夠突出、攝人，足以表現為醒目動人的意象。如此的意念，已有點類似廣告人所講的「創意」。昆德拉的小說曾提出「形象學」一詞來形容當代文化的主導形式。「形象學」就是製造形象的廣告手法，訴諸一些簡約、凝縮，富啟發性指示性的圖像、符號、標誌、象徵，以求廣泛迅速地形成影響，深入人心。鄭在東充滿個人色彩的意念性繪畫，透過一二突出意象的重複形象，直指畫家的自我形象，實可視為一種自我風格的「形象學」。說得通俗時髦一點，簡直就是一種「個性廣告」，但它無關乎普普藝術的諧擬複製，而是將「形象學」的手法轉換為純粹個人化的風格實驗。

　　支離片斷的頭與手已成為畫家的「註冊商標」意象。大部分論者多認為，這是象徵自我分裂的一種隱喻(metaphor)。其實在「形象學」的觀點下，這些頭、手意象作為一種片斷化象徵，與其說是「隱喻」，更好說是「轉喻」(metonymy)。所謂「轉喻」就是抽離出事物的某一部分，用來代表該事物的整體。譬如「王冠代表國王」，「巴黎鐵塔代表巴黎」等。畫家將頭、手意象從身體分割抽離出來，形成風格化的獨立片斷，正是一種轉喻式的象徵手法，用以象徵整體的自我。在這意義下，頭與手不再是身體的一部分，而已昇華為一種精神性的範疇。它們都是直接反映自我形象與精神風貌的一種「臉」。不只頭是「臉」，手也是一種「臉」，同樣充滿著「思緒」與「表情」。相對於此，負載著或反映著頭、手的各種器物，如青花古盤或鏡子，則是畫家生活世界的片斷轉喻，具體而微地表徵著畫家的世界圖像。

　　鄭在東在漢雅軒畫廊的個展《水手與箱子》，多採取二聯作或三聯作的形式，其實就是在幾個自我形象的片斷與世界圖像的片斷之間進行轉喻式的連接置換、排列組合。《水手與箱子》二聯作與《犬儒的中年》三聯應是這次的代表作。畫家選取半透明的水紋波影、灘聲潮汐，以及全然透明的箱子或畫框作為現階段主要的世界片斷，無奈地負載或盛裝著頭、手片斷的滄桑表情，將自我形象的風格實驗推演到一個更為澄明空透，也更為曖昧幽微的境界。

《Roma》(1993)

《Roma》(1993)

水泥森林的異彩

陸先銘的「都市美學」

　　新生代畫家陸先銘在台灣畫廊的個展「都市美學」，對於現階段強調本土意識的台灣美術，應是別具意義的。首先，就內容的形式而言，所謂「本土」作為我們腳下所踏的這塊土地，應廣義地涵蓋我們所在的時間空間生活世界。「本土」的「土」決不只是農村田圍水牛鄉土，更可以是都市的水泥地混凝土。即使生活在高樓華廈，穿行在高架橋上的都市族羣已經離土地愈來愈遠，此一和土地的「疏離」也早已成為「本土」的一部分。

　　奇怪的是，絕大部分生活在都市的本土派畫家，就是不讓都市出現在他們的畫面中。就此而言，陸先銘畫他生於斯長於斯的都市空間，原是最自然平常的事，在現階段竟有相當的突破性與前衞性。

　　當然，更重要的是表現形式的問題。對此，陸先銘的「都市美學」的確表現了一種「美學化」的態度。所謂「美學化」，就是採取一種超然的距離，將對象從生活世界的日常脈絡中抽離出來，剝落成見，暫時懸置於知性與想像的無拘狀態。畫家選擇高架橋、大

卡車、推土機、水泥攪拌車、工棚圍籬等都市生活的日常對象，將它們從一般人心目中灰暗、沈悶、僵硬、壓迫的水泥森林印象釋放出來，透過知性與想像的美學距離來重新觀照它們。所以這裏的「都市美學」既不像未來主義的擁抱都市，也不像浪漫主義象徵主義的痛惡都市，而是一種近乎中性的冷靜透視。可是又不是照相寫實主義那樣冷漠疏離的消極反映，它的中性透視帶有幾分塞尚式的主動構成趣味。一種奇特的「即物主義」，刻意將人抽離，以獨樹一格的造型元素（圓柱形、球形、長方形……）與冷暗色系（灰白、灰藍、靛藍、暗綠、暗紅），重新構成都市景觀的空間結構、物體形式與透視關係。有點超現實的夢魘氛圍。分割畫面的組合，偶然浮現的朦朧樹影，突兀的透視角度，物體遠近大小的怪異比例。譬如前景凸顯車子一角，背景是遠方高架橋上一車如豆。雖然有些畫面帶點象徵意味，但整體而言，「都市美學」的即物主義是相當純粹實質的。《遇》一畫甚至還運用了多材質的拼貼技巧，以表現施工路面的糙礪質感。這套純粹實質的即物主義，的確是一種「物化」的美學形式，但與其說它反映了都市生活的物化疏離，更好說它藉著美學化的超然距離，暫時懸置了都市生活的物化疏離，蘊涵著重新界定都市生活的可能性與開放性。陸先銘的「都市美學」，就以這套若即若離的「即物主義」，召喚著尚未成形的新人文精神，賦予灰色水泥森林耐人尋味的異彩。

黑色畫家的黑色形象學

郭維國的「禁錮心靈」

　　進入郭維國的作品世界，彷彿進入一團團充滿黑色意象符號的惡魔幻影。郭維國本人予人達觀樂天的感覺，但是畫風却一直偏向於陰霾灰暗、晦澀低調，令人鬱鬱不快。在這第一次個展中，更是將一貫的陰霾灰暗推到極致，並且一改以往的晦澀，選擇了最簡約突顯的意象符號，作了最集中的表達。

　　這位新生代的黑色畫家的首次個展，完全以兩個強烈對比的意象作為畫面的基本造型元素，呈柱狀結構或塊狀的黑色鋼鐵，以及紅色或紫色的肉條狀物。背景則是灰暗陰霾之至的封閉天空，散布著幾許愁雲慘霧。畫面的象徵意義極為明顯，它們象徵著當前台灣的整個生存空間與存在樣態的基本情境。在黑色畫家的灰暗畫面中，整個外在的生存空間都還原為黑色鋼鐵結構泛著寒輝的「硬體」。禁錮在這生存空間的「硬體」之間或附著其上的生命存在樣態，則被還原為一堆堆海葵般盲目蠕動的條狀「軟體」。雖然閃著紅紫色的光澤，盲目蠕動著某種不息的原始生命力，但

是在陰霾封閉的天空背景與黑色冰冷的結構「硬體」間，這一堆堆原始生命單位的條狀「軟體」，只有益發令人感到淒厲之極，不忍卒睹。

為什麼要這麼悲觀，這麼絕望呢？如此黑色低調的作品，在現階段的台灣美術，尤其是新生代畫家中，又突顯出什麼樣的獨特意義呢？

首先，就內容的形式而言，郭維國無疑的為現階段的台灣留下了最黑暗的時代圖象，雖然不免流於簡單化約，但仍然表達出相當程度的真實共通感。它之所以會令人不快，正因為它觸及了人們不願去面對的存在真實。

其次，就表現的形式而言，郭維國的意象構成也反映出耐人尋味的問題性。這位新生代的黑色畫家曾多年從事於建築外觀圖的繪製工作。所以這次個展的系列作品，無庸諱言，也流露出相當程度的職業性的圖案設計意味。可是想見它很容易招致如此的「設計性」，會不會破壞藝術的純粹「繪畫性」？

對於這個問題，我覺得應以開放的眼光與平常心視之。所謂純粹的「繪畫性」，只是現代主義孤離出來的一個抽象理念。繪畫作為一門獨立藝術，在不同時代、不同社會，受到不同領域的表現形式與表現媒介的衝擊影響，作出不同程度的吸收、融合、轉化，本來就是無可厚非的。攝影、電影、電視、Video、廣告、電腦，各種新的形式媒介都有可能豐富繪畫表現的包容性與多樣性，問題在於融合轉化的成不成功，而不在於設定一純粹「繪畫性」的抽象理性來先行拒斥任何互動交流的可能。

郭維國的圖案設計可歸為一種「形象學」的手法。所謂「形象學」就是一種廣告形象的創意策略，訴諸某個突出醒目的圖象符

號,來達成廣泛迅速的宣傳影響,普普藝術基本上就是一種形象
學的諧擬,對大眾文化中的流行廣告形象進行各種反諷嘲弄的模
擬複製。而在目前的美術創作氛圍中,對於形象學的使用又是另
一種方式。譬如說鄭在東的自畫像,就將「形象學」的手法完全轉
化為純個人風格的表現方式,形成極度自我的「個性廣告」。而郭
維國對於形象學則是直接的使用,直接就將他對於時代的感受設
計成簡約集中的「創意」,具現為強烈對比的意象,其中所傳達的
訊息既非主觀,亦非客觀,而是某種程度的「共同主觀」,無論看
的人喜不喜歡,它為這個時代留下令人印象鮮明的黑色形象學。

于彭《食色性也》(1988)

殘山剩水中的生活戲筆

于彭的「五個女子」

看于彭的畫，必須置於傳統與現代的斷裂空隙間，才能看出他別樹一格的文化意義。

以「山水」為主體的文人水墨畫傳統，在後解嚴時代台灣美術的急遽變化中，無庸諱言，也正走向急遽的沒落式微，即使還沒有到山窮水盡的地步，也已是一片衰颯不已的殘山剩水。一個哲學家說過，一種語言遊戲(language game)對應著一種生活形式(life form)。一個繪畫傳統作為一套視覺造型上的語言遊戲，當然有它自己的一套生活形式。傳統水墨畫所對應的正是傳統農業社會的士大夫生活，它和其他的語言遊戲(詩、書、琴、棋……)共同交織融入當時的生活形式當中，陶冶玩味出一種獨特的生命情調與文化氛圍。現在的問題是，當傳統的社會型態早已不在，原有的一整套語言遊戲也必將隨著生活形式的消失而淪為浮游無根的式微傳統。

雖然，在衰颯不已的殘山剩水中，也偶有奇峯突起、迴光返

照的特例。譬如半生戎馬，官拜中將的余承堯將軍，晚年大隱於市，以其自創一格的「亂筆」，一筆一筆獨力營織出一片毫髮無憾，翁鬱嫵媚的「青綠山水」，其藝術成就與人格感召，真的為現代社會塑造出一則「丹青不知老將至，富貴於我如浮雲」的古典人文精神典範，供人景仰憑弔，發無限思古幽情。但這畢竟只是特例，余老傳奇性的藝術與人格只有更加反證出文人山水傳統的確已成為一去不返的文化鄉愁。

然而，真的就這樣一去不返？這麼優美典雅的傳統，就真的只能在余承堯或李可染的畫中，或是汪曾祺的小說中憑弔流連一番？于彭的畫就在這傳統與現代全然決裂的空隙間，疾聲說：不！不可以就這樣煙消雲散，春夢無痕。如果傳統已死，那就以最個人最自我的方式讓它重新活過來，從語言遊戲到生活形式全部重新組合。如果沒有記憶，那就重新塑造記憶。你可以說晚年大隱於市的余老完全活在記憶當中，與現實完全隔離。但那畢竟是植根於早年生活經驗的記憶。而于彭的畫則一開始就必須為早已失去生活之源的無根傳統塑造出子虛烏有的記憶，作為對現實的逃逸。這樣一種「不信傳統喚不回」的執迷，當然並不是真的要回到過去的傳統，而是為了填補現在的空白。而畫家唯一的憑藉與媒介就是這個喚不回的傳統所遺留下來的各種語言遊戲的文本(text)，包括詩、畫、書、器物古董等等。正如解構主義者所言，一切都是文本，文本之外無物存在。于彭的畫和鄭在東類似，都是以「自我」為中心，極其個人化的風格。但是于彭的「自我」却被各種形式的文本所書寫。他的「自我」是由各種文本的片斷拼貼雜繪而成。就如同後現代的建築裝潢與流行服飾，充滿各種片斷化的引述挪用與時空倒錯並置的懷舊復古。所以于彭在筆法造型上

的「語言遊戲」不得不表現為一種反諷諧擬、矯飾主義(manner-ism)式的「戲筆」。至於其樸拙鬆散，兒童塗鴉式的「壞畫」作風，當然也和鄭在東一樣，必須歸為「逸品」，不能以常態的審美標準來衡量。可能是「大智若愚，大巧若拙」，也可能什麼都不是。而于彭對傳統的任意引述，較諸鄭在東的純粹個人風格，更惹人議論，也更難以置評。

譬如在這次「五個女子」的個展中，畫家似乎從唐宋以降的山水畫傳統更退回到魏晉六朝《高人逸士圖》的人物畫傳統。人物在于彭畫中一直都頗重要，這次更成為唯一主體，山水庭園則退居為陪襯的布景道具。唐人張彥遠在《歷代名畫記》批評魏晉人物畫中的山水：「其畫山水，則群峰之勢，若鈿飾犀櫛，或水不容泛，或人大於山。」正好可以拿來形容于彭畫中人物景觀大小不成例的戲筆趣味。而張彥遠的解釋：「詳古人之意，專在顯其所長，而不守於俗變也。」也正可以解釋于彭的「逸品」風格。

「五個女子」是一家流行 pub 典型的怪異店名。這次個展當然可以視為台北這幾年興起的各種個性商店流行 pub 文化的典型反映。畫家似乎想藉著這種可能散布在城市各個角落「小眾化」、「邊緣化」的小圈圈，營造出他一直想望的騷人墨客薈萃雅集的生命情調與文化氛圍。那種不中不西、亦古亦今的場景格局，似乎最能充當畫家接合傳統與現代的媒介空間。於是我們看到各種異質時空文化的錯置互滲，有顧愷之《女史箴圖》的六朝人物風流，也有莫地里尼式布爾喬亞的優雅頹廢；有〈蘭亭集序〉竹林七賢的名士氣，也有十九世紀法國沙龍德國小酒館的波希米亞氛圍。其間貫串著一種「矯揉造作的風雅」(sophisticated elegance)，它的趣味也就在於它的矯揉造作。幾副寫意的素描是這次個展的力

作，以自由無拘的布局想像，樸拙即興的人物造型，為目前流行
pub 的文化景觀作了另一種「氣韻生動」的留影。

輯肆

藝術及其不滿

「影響的焦慮」與
「原創／模仿」的弔詭
前衛藝術的抄襲現象

　　台灣的前衛藝術近來頗遭到抄襲模仿的批評。在一般觀念中，前衛藝術應是標新立異，驚世駭俗，發前人所未發。可是目前所能看到的作品，卻多是各個前衛大師似曾相識的影子與痕跡，杜象、安迪‧沃荷、波依斯等等不一而足，難怪會有抄襲模仿之譏。但是一般論者在批評時，往往只會歸咎於創作態度的不真誠，因而將個問題簡化為創作者個人動機的真誠度問題。這樣的批評方式不僅無濟於事，而且錯過了真正有待思考的問題癥結。

　　一件作品是否有抄襲模仿之嫌，只能從作品本身的表現效果以及它和其他作品的參照比較來衡量。欣賞者與批評者無權也無須去過問創作者的動機真誠與否。反之，一件作品若真有抄襲模仿的痕跡，則無論創作者本人如何撇清辯白，也無法自圓其說。情形就好比一個人贓俱獲的慣竊辯稱：「我雖有剽竊的行為事

實，但決無剽竊的意圖。」

　　其實，設身處地著想，試問：那個創作者不想走出大師的陰影，成為另一個別開生面自成一家的原創大師？答案很明顯，非不為也，不能也！說得更露骨一點，問題並不在於創作者夠不夠真誠，而在於創作者「夠不夠力」。因為不夠力，無法擺脫大師的陰影，才會處處流露如影隨形的模仿抄襲痕跡。無論其為「有意的抄襲或無意識的巧合」。借用美國批評家布魯姆(Bloom)的講法，前代大師的顯赫權威會對後繼的創作者造成某種揮之不去的「影響的焦慮」(the anxiety of influence)，創作者是否能夠卓然成家，自創一派，端看他是否強壯有力得足以克服轉化。「影響的焦慮」。布魯姆借用心理分析的「家庭羅曼史」來類比，情形就好比一個小孩是否能夠擺脫父親權威的籠罩，真正的長大成人，獨立自主。

　　在「影響的焦慮」的觀點下，模仿抄襲的問題其實關涉到台灣美術界目前最熱門的一個問題：本土藝術創作的「主體性」問題。批評一件作品為抄襲模仿，無異是批評其作者在「影響的焦慮」下完全喪失了創作的「主體性」。反之，所謂的「主體性」，不外乎就是創作者一掃模仿抄襲之跡，透過作品所表現出來的「原創性」。

　　「原創／模仿」的區別的確是一個基本的問題。就創作而言，它關係人到創作者「主體性」的確立；就欣賞批評而言，「原創／模仿」的區別幾乎可以等同於作品「好／壞」的判定。抄襲是一種最低層次的模仿，所以遭到最壞的批評。而百分之百巨細靡遺的複製畫則根本沒有資格列入藝術價值的評價考量。問題似乎很單純，可是對台灣的前衛藝術而言，問題卻變得極度複雜敏感。可以分兩個層次來談，首先是台灣對於西方前衛藝術的移植接收問題；

其次是西方前衛藝術本身的問題。

　　首先，台灣前衛藝術所承受的「影響的焦慮」，其「情結」顯然要比西方本身更為糾結難解。因為前衛藝術原本就是西方的。仍借用「家庭羅曼史」的譬喻，西方當代的前衛藝術即使無法擺脫前代大師「父之名」(the name of father)的陰影，總還名正言順是自己的「父親」。而台灣前衛藝術所追認的「父之名」則從一開始就已陷於名不正言不順的錯亂認同。被批評為活在「父親」的陰影下已夠難堪，更何況還不是自己的，而是別人的「父親」，真是情何以堪。現階段台灣美術界有關「本土化」「主體性」等口號議題的提出，亦可作如是觀。它們都是在「西方」這個外來他者(other)「父之名」的「影響的焦慮」下，一股莫名糾結不平衡的反彈情結。基本上，這是一個後殖民情境的民族自尊問題，其背景則是百年來西方強勢文化的侵凌殖民。所以，現階段有關「本土化」「主體性」的問題意識，其濫觴實可回溯至清末張之洞所提出的「中學為體，西學為用」，即使所強調的「體」已從「中國」轉換為「台灣」。可以這麼說，目前美術界有關「本土化」「主體性」的爭論，實可視為張之洞指出「中學為體，西學為用」以降，百年來中西文化問題論戰在後解嚴的台灣又一次舊調重彈。我們不難看出其近乎強迫性重複的普遍焦慮背景，那是兩個異質的文化「體」強弱懸殊的遭遇衝突，乃至於一面倒式近乎強暴的不平等結合。

　　雖然目前有不少後現代或後殖民的文化論述正流行「混血」「雜種」之說，可是在不平等結合的陰影下，所謂「混血」「雜種」很難不淪為「次等殖民」。台灣前衛藝術必須克服的「影響的焦慮」是雙重的，不只要克服「父之名」的霸權陰影，而且還是一個外來他者的「父之名」。

怎麼辦呢？沒有別的，唯一的辦法就是想辦法變得更有力、更強壯，足以扭轉對「父之名」權威的模倣依賴關係（不管是誰的「父親」），不只是叛逆顛覆，更要表現出青出於藍更勝於藍的原創性逆轉。其實，這原就是所有藝術創作的基本模式。任何創作者都無法不從模倣開始，而真正有力的創作者卻可從模倣當中轉化超越，達到原創的成就。原創孕育於模倣，同時也揚棄模倣。這是「原創／模倣」的基本辯證。就如法國文豪馬爾勞（Malraux）的公式：「從模倣拼湊到獨立風格。」或是存在主義大師齊克果的名言：「願意努力工作者創造出他的父親。」

在「原創／模倣」的基本辯證下，目前爭論不休的：「如何建立台灣美術的主體性？」其實非常簡單。借用畫家楊茂林最愛反諷的「台灣製造」（MIT），所謂建立「台灣美術的主體性」就是重寫「台灣製造」的意義，使「台灣製造」從仿冒贗品的同義詞轉化為「只此一家，別無分號」的高級品牌，簡言之，使「台灣製造」成為一個獨家專利的「註冊商標」。

可是西方前衛藝術，從杜象的「現成物」（ready-made）到安迪·沃荷的「拷貝複製」（reproduction），則已將「原創／模倣」的常態辯證關係帶入了不可思議的弔詭之中。杜象的「現成物」嘲弄諧擬了現代布爾喬亞美學對「原創性」的崇拜，他透過對「現代物」的挪用，取消了藝術的「技巧性」（art），藉以顛覆「作者」「作品」等現代美學範疇。這正是杜象觀念藝術的弔詭：杜象的「原創性」就在於他對「原則性」的顛覆諧擬。由此導出另一個更大的弔詭：杜象的「原創性」其實是不可模倣的，因為他太好模倣了。「現成物」的挪用幾乎不需要什麼難度的技巧，這使得模倣杜象比模倣古今中外任何其他大師都容易得太多。任何人都可以搬個小便池或腳踏

車輪擺到美術館。杜象顛覆原創性迷思的最大後遺症就是使藝術的模仿成為一種廉價的姿態。杜象的確是一個首開惡例的始作俑者。但真正使惡例流行成風的卻是波依斯。波依斯的最大「貢獻」就是賦予觀念藝術實際的社會批判內容以及極度個人化的儀式象徵，簡言之，賦予「觀念」以「行動」。如此一來，原本就極為廉價的標新立異之姿，更變本加厲為可大肆炒作的驚世駭俗之舉。任何議題事件都可以拿來搞怪一番，虛晃幾招，於是乎，東施效顰，邯鄲學步，形成了阿貓阿狗滿街都是藝術家的「後前衛」奇觀。

　　或許，在杜象之後真正能跨前一大步以完成杜象者，只有安迪・沃荷，這關涉到整個前衛運動對現代「自主性藝術」的批判，在此無暇多談。僅就「原創／模仿」問題而論，安迪・沃荷無疑也是一個弔詭的原創大師，其原創作就表現在對商品文化流行影像的拷貝複製上。流行影像的拷貝複製亦可視為一種廣義的「現成物」挪用。不同的是，杜象的「現成物」是無可模仿也無須模仿的，它不是一件持存的「作品」而是獨一無二，無法重複的「單一事件」(singular event)；安迪・沃荷的拷貝複製則從一開始準備要無限制的拷貝複製下去，形成一系列可無限衍異流傳散播的影像與模像。

　　無論如何，前衛藝術的確完全攪亂了「原創／模仿」的界限位階以及常態的辯証關係。它似乎使創作看來更為廉價輕便，垂手可得，同時也使其更易招致抄襲剽竊的惡評。它當然也完全翻轉了欣賞批評的尺度與框架，但是無論問題如何的弔詭難解，都不可以拿來當做惡意攻訐或逃避推卸的託辭藉口。對創作者而言，「原創／模仿」的界限混淆，並不表示抄襲剽竊就可以從此合法化正當化；對觀賞者批評者而言，因為已有杜象、安迪・沃荷的弔

詭先例，對「原創／模仿」的區別判定更應謹慎而開放。

「人與土地」的遊牧思考

台灣繪畫的個人主義運動

「人與土地：台灣當代繪畫」(man and earthicontemporary painting from Taiwan) 是鄭在東、于彭、許雨仁、郭娟秋四位畫家今年度在美國巡迴聯展所使用的展覽標題。乍看之下，對於這四位風格迥異、個人色彩鮮明的畫家，被冠以這樣的標題，是頗令人詫異的，且極易引起質疑。

無庸諱言，首先會引起質疑的，就是所謂「台灣當代繪畫」的代表性問題。按照一般的想法，所謂「代表性」總是指向某些潮流趨勢較為明顯的流派分布。而這四位畫家的最大特色就在於難以劃歸任何流派的非主流色彩，他們稱得上是「台灣當代繪畫」中較難歸類的「另類」與「例外」。所以，以他們來代表「台灣當代繪畫」，問題已不在於是否真的足以代表「台灣當代繪畫」，而在於「代表台灣當代繪畫」，這本身受到了根本的質疑與解構。

所謂「代表性」，就是在某個個體與整體之間尋繹出某種反映式的代表關係，透過此一個體可以反映出整個的普遍本質或整體

的某一面相。此一可以反映整體的個體，我們稱之為「典型」。解嚴以來，則可說是一個典型逐漸喪失的解構年代。因為失去典型，誰也不能代表誰，誰也不能代表什麼，所以各個領域都會感到愈來愈難以推出真正的「代表」。譬如說所謂的民意代表和代不代表民意就沒有多大的關係。

在這樣一個「典型」不再，「代表性」破產的解構年代，個人就是典型，不具代表性就是最好的代表性。在這意義下，四位畫家作為「台灣當代繪畫」難以歸類的「例外」，正好提供了一個絕佳的「例證」，反證出畫壇上一般的潮流趨勢其實也不能代表什麼，因為誰也沒構成真正的典型；所以其實也無謂「主流」，反正每個人都是解嚴後百川爭流、壬嚴競秀的一支，都是沒有「主流」形勢下下的「非主流」；所以除了自己，什麼也不代表就是最好的代表。四人聯展的畫冊稱道是台灣繪畫的「個人主義運動」(Individualist movement)。

其次會引起詫異與質疑的，則是「人與土地」這個大標題。它似乎很難和四人的畫風扣合在一起，反倒很容易令人聯想起另一批強調社會政治現實與本土文化認同的台灣畫家，無論是七〇年代鄉土文學運動對農村田園的回歸擁抱，或是解嚴以來本土化潮流對台灣歷史與意識形態體制的批判諧擬。然而，正是在這裡，正因為四人的畫風和「人與土地」這個標題乍看之下的不切題，不搭調，反倒提供了另一種思考「人與土地」關係的可能性。

之所以會令人感到不切題，不搭調，是因為四人的畫風都帶有某種程度的自我放逐的現實疏離感，以及現代都會邊緣遊牧漂流的波希米亞色彩。因而，「人與土地」的關係或許就不是最優先的思考課題。或者，套用目前最流行的說法，「人與土地」的關係

作為一個普遍意義下的身分認同問題：「你認不認同這塊土地？」，對於這四位有點自我放逐的畫家而言，也許可以表述為一個更為根本具體的存在主義命題：「我是誰？」可以這麼說，思考人與土地的關係也就是在思考自我定位的問題。但是在這裡，「我是誰？」的提問方式逆轉了「你認不認同這塊土地？」的一般思考方式。當一個人會問自己：「我是誰？」那表示他正陷入「我不知道我是誰」的莫名焦慮。同理，當一個人會去思考人與土地的關係，那表示他已被拋入一種人與土地的疏離背景中。正因為意識到人與土地的疏離，不會開始去思考人與土地的關係。人與土地的「疏離」本身就是一種人與土地的「關係」，正是透過這樣一種「疏離」，開啟了重新界定人與土地關係的可能思考空間。因此，人與土地的疏離並不盡然是鄉土文學運動以迄目前本土化潮流所批判的負面意義。而四位畫家自我放逐式的疏離畫風被冠以「人與土地」這個標題，也就不只是一個字面上的反諷。

依照法國哲學家德勒茲的講法，土地是一切環境力量的總和與核心。每個環境都有它自身的律動與符碼，人類的文化活動就在於從周遭環境的事物中擷取各種解符碼化的片段(decoded fragement)，轉化為表現性的材質，當作某種告示性的標誌(mark)，構成一個屬於自己的疆界領域(territory)。譬如說將一塊石頭當作界石，將一支樹枝當旗桿，畫出一塊地盤。人與土地的關係正是這樣一種藝術表現性的深刻「佔有」，它不只是要形成一種「標誌」；更要形成一種持續性的「風格」。

一個疆界領域的構成，一方面是對既有環境的解符碼化，另一方面也同時處於各種解除疆界運動(deterritorialization movement)的臨界邊緣。解嚴以來的台灣社會，在現代資本主義

普遍的解符碼化與解除疆界運動中，人與土地的各種舊有關係已消失殆盡，鄭在東等自我放逐的疏離畫風，正是在一種人與土地脫節的游離混沌中，以自我為單位，從各種解符碼化的異質片段，形成各自獨有的標誌與風格，畫出新的疆界與領域，新的王國與世界。這裡的「自我」作為一個單位，並不是一個中心化的主體，而已被各種解符碼化的異質片段去中心化，在解除疆界的臨界邊緣上與物宛轉，被拼貼、集合、裝置為一種新的特異「個體性」。

譬如說鄭在東記錄個人生活史的即興畫風也許是相當「自我中心」的，但是他那些已成註冊商標的斷裂肢體與破碎器物作為一種片段化的「轉喻」，用以指涉象徵自我的整體形象，其實往往反顯出在生活段落的時間之流中，自我不斷消磨、隱褪、傷逝的空茫與無奈。

于彭諧擬傳統山水人物的戲謔畫風，更是自我的徹底解構，自我被寫入各種書畫詩文的遊戲文本中，形成一系今古奇觀的變形風貌，張頌仁在畫冊序文中指出：「它並不是一種復活沒落傳統的英雄計畫，而是一種唐吉訶德式的冒險，為自己創造一個藝術家的假面。」

許雨仁的畫風是四人當中最為質樸，卻也最為形而上的一個，就如張頌仁所言，是一種「弔詭地土地性底形而上存在」。他從人與土地解除疆界的游離混沌中，重新挖掘土地深層的神祕力量，方將空間、物、我都還原解析為微粒子的波動之流，在既流動又凝滯之中重新構成自然與人文的景觀秩序。

郭娟秋則深具神秘主義式的詩意靈視與浪漫童趣。她的「自我」透過一種克利式的神秘之眼，沿著切過地表的離心力線，逸出了現實畛域的地平線，向宇宙的生機與奧秘開放，展現出一片瑰

麗夢幻的想像王國。

　　綜合觀之，四人個性鮮明強烈的畫風，所各自形成的自我形象卻是獨特而又曖昧的，他們都為自己創造了一幅難以看穿的「藝術家假面」。因而，對於「我是誰？」的存在主義問題，從畫面中可能給出的回答，或許就像通俗劇對白或流行歌詞常見的「別問我是誰！」或「猜猜我是誰？」

　　當然，這一切都要回到人與土地普遍疏離的存在的背景，這是現代資本主義世界的原始情境，蘊涵著人與土地重新關聯的各重可能性。它並不是一句：「你認不認同這塊土地？」的形式性質疑就可以窮盡的。就如文人山水畫傳統常講的「可以居，可以遊。」也許此一自我放逐式的疏離畫風的最大意義就在於為人與土地的關係提供了另一重「可以遊」的界定方式與思考空間。

「說」與「看」之間

評郭振昌的「台灣圖像與影像」

　　就像當年傳誦一時的一句廣告名語:「我有話要說!」解嚴以來的台灣美術最廣泛、深刻、微妙的一項變化,就是一向服膺「少說多做」的畫家及藝術家們,突然也變得非常的「有話要說」。這股「有話要說」的表達衝動不僅為沈寂多年的台灣美術界掀起各種藝術相關課題的論戰熱潮。更重要的是,「有話要說」甚至變成一種最直接、最強烈的「藝術意志」(will to art),直接構成了各種創作作品的表現型態。

　　最顯著的例子就是大部分的繪畫創作變得愈來愈圖式化、符號化、充斥著各種敘事性與觀念性的隱喻象徵意義。簡言之,就是繪畫創作的泛語言化。畫家不再滿足於只是以形象造型來「展現」(showing),更訴諸各種圖式符號來達成「說」(saying)的目的。畫面不再只是可看的圖像(icon),更是可讀的文本(text)。譬如楊茂林、楊成愿、盧怡仲、吳天章等從歷史、現實各層面挖掘塑造出各種意識形態批判或形象學諧擬的圖式與符號;或是張振

宇糅合寫實手法與形法上思辨於一爐的隱喻象徵場景；侯俊明的
《極樂圖懺》與《搜神》援用圖文並置的民俗版畫形式，更是倚賴文
學性的文字渲染效果。畫家似乎都企圖透過繪畫來說話，繪畫的
實踐成為一種以說表態的語言行動(speech act)。相對於繪畫，
各種觀念藝術、行動藝術、裝置藝術的前衛實踐，也成為另一種
藉著「做什麼」來達成「說什麼」的語言行動。他們以「說」來突顯
「做」，甚至於「說」更甚於「做」，對於台灣美術的泛語言化更有推
波助瀾之功。

　　此一從平面到立體皆「有話要說」的泛語言現象，形成了解嚴
以來眾聲喧嘩的台灣美術奇觀。該如何理解呢？為什麼本以圖像
為主的美術創作會突然變得如此「多話」呢？

　　就一般觀點而言，並不難理解。解嚴原來是傳統意識形態的
「大敘事體」崩潰後人人有話要說的百家爭鳴局面，美術創作的「多
話」也只是整個時代氛圍眾聲喧嘩的一部分。

　　而就圖像與語言文字的互動影響而言，美術創作的泛語言
化、泛符號化，其實剛好相對於解嚴以來大眾傳播媒體的泛影像
化、泛圖像化。當影像圖像的氾濫影響已日益淹沒語言文字的思
考，當眼睛原有的兩個功能：「看」與「讀」，愈來愈得只能目不暇
接的「看」，而根本無法「讀」，一個美術創作者作為一個思考者，
置身這樣一個影像圖像氾濫的傳播霸權，對於語言文字的式微所
感受的惶恐、焦慮、不安，恐怕並不亞於一個文字創作者。因此，
美術創作的泛語言化、泛符號化，未嘗不可視為是對影像圖像霸
權的一種反擊與回應。它們試圖透過「有話要說」的畫面，重新喚
醒眼睛「讀」的功能。弔詭的是，這些「有話要說」的畫面愈是想喚
起眼睛「讀」的功能，卻往往愈是難以解讀，就像它們所批判的影

像圖像霸權的媒體爆炸狀態。

　　整個社會系統就像一個不可測的黑盒子，在面臨失調、解體、轉型的系統危機時，會釋放出大量訊息混亂不明的白色雜音，也許解嚴以來一切不可解讀的眾聲喧嘩，都可以視為一種白色雜音。

　　郭振昌的「台灣圖像與影像」系列，即可視為在影像圖像霸權的挑激下，所產生的一系列充滿雜音、頗難解讀的繪畫文本。

　　郭振昌當然也是一個典型的「有話要說」的畫家。其表現形式上強烈瑰麗的線條用色向來就極為圖式化與符號化，在內容形式上的主題設計更是充滿濃厚的敘事性與觀念性。更有甚者，畫家不只是「有話要說」，而且要說的還是一種相當浪漫崇高的「偉大故事」，一種史詩話般的「大話」(grand narrative)。在大敘事體崩潰的後解嚴年代，多的是各種犬儒式嘲諷諧擬的語言遊戲。像畫家這樣仍堅持說「大話」的史詩企圖，著實相當不易，需要極大的魄力與勇氣。

　　所以畫家不斷回到史詩神話民俗傳說中去挖掘偉大故事的題材，在畫面上重新模擬建構英雄形象的「陳述主體」(subject of statement)，藉以表徵畫家說「大話」的「發言主體」(subject of enunciation)。譬如去年的個展「時代神話現象」，就借用「夸父追日」、「女媧伏羲造人」等神話英雄作為畫面中的「陳述主體」，在時代精神現實意識的發言籠罩，形成一幅幅借古喻今氣勢磅礡的「大話(畫)」。在這裡，各種史詩神話的英雄形象作為畫家影射現實的象喻(figure)，也就是畫家的「發言主體」借以切入現實的象徵中介。

　　這次的「台灣圖像與影像」系列，情況則有些不同；出現在畫

面中的主要象喻為「八家將」，相對於夸父或女媧那樣具有較為鮮明統一的形象與壯烈崇高的動作，八家將就顯得有些形象模糊，動作曖昧猥瑣。八家將不不是史詩英雄式的偉大主體，而只是雜七雜八的集合，一群「烏合之眾」，以此「烏合之眾」作為畫面的陳述主體，似乎意味著在影像圖像霸權的氾濫衝擊下，畫面背後的「發言主體」不再是一個英雄主義式的「自我」，而已分崩離析為一種社會的集體發言機制(collective assemblage of enunciation)，一種集體意識的眾聲喧嘩。

題為《台灣圖像與影像》的三五〇號大畫，是這次的主題畫。由橫排並列的三個分割畫面組成。中間畫面是紅藍綠三色與粗黑線條構成的人體肉搏，帶點漫畫趣味。左右兩邊是兩個直立行走的普通人，兩人臉邊都懸著一張面具臉譜。畫面四周還黏貼著各色勳章。按照畫家自己的詮釋，中間漫畫式的三色人體肉搏象徵著目前台灣幾股檯面上的現實政治勢力的惡質鬥爭。左右兩邊的人分別為農漁民與黑道大哥的民意代表，他們「代表」著整個社會的「民意」已淪為朝野金權政治賄賂收買的對象。

在這幅作品中畫家慣有的糅合國畫線造型與西方畫面造型的粗黑線條元素，在三色人體肉搏的畫面中，就如同騷動不安的力線(line of force)，將畫面展現為一個衝突鬥爭的社會力場。從這裡衍生出這次系列作品的主要問題：民意在那裡？誰能真正代表歷史現實社會底層的聲音與力量。八家將作為一個異質多元的象喻，正象徵著夾在歷史現實社會底層被壓抑埋沒的眾生相，畫家認為，他們才是真正推動社會，安定社會的基本力量，但是對於檯面上的現實政治，他們只有在需要的時候才會被搬到檯面上賄敗收買、擺布利用一番。畫家指出，從一般的士農工商老人小

孩各個階級族群，甚至包括國父，都只是現實政治賄賂擺布的對象。畫面上黏貼的各色勳章象徵性的點出了畫家的主要批判：他們不應該只是賄賂的對象，更應該是授勳的主體。然而就是在這裡，勳章的象徵主義似乎也變得相當曖昧兩面。勳章可以是表彰肯定，也可以是賄賂收買，就像選舉時所提出的各種「老人年金」「全民保險」的福利政策，可能是真的重視民意，也可能只是對民意暫時的賄賂收買。

　　那麼，「民意」究竟是什麼？八家將的曖昧象喻和台灣社會底層的眾生相又是如何扣合在一起？在這裡，畫家還玩了一點觀念藝術。他先拍下八張代表各個階級族群的人像照，在《雄獅美術》上按月登廣告，同時照著照片畫成八張寫實人像畫，然後再在八張人像畫中畫上充滿表現主義色彩的八家將臉譜。透過此一影像與圖像的重疊，現代攝影人像與傳統民俗臉譜的重疊，照像寫實與表現主義的重疊，觀念與普普的拼貼雜燴，八家將的臉譜不只是「畫」且是「寫」在社會眾生相的「臉」上，成為一種書寫銘記(inscription)的符號。

　　從指意(signification)的符號觀點來看，八家將臉譜是意符(signifier)，社會眾生相是意指(signified)，意符與意指的指涉關係皆是武斷任意的，但是卻受制於某套符號系統約定俗成的符碼(code)。在這意義下，八家將臉譜「寫」在社會眾生相的「臉」上，象徵著八家將臉譜作為一種面具，其實是某套社會符號所指派的一種「角色」，而這套社會符碼其實又只是現實政治勢力強迫制定出來的政治戲碼。所以社會眾生就如同迎神廟會中乩童般的八家將，只有在週期性的政治嘉年華才會被召喚出來，當作作秀示範的傀儡樣板亂舞一通。

　　畫家自己的說法是，八家將本為陰神，擔任城隍爺之護衛，每年隨城隍出巡，驅魔避邪，變成伸張人間正義的吉祥神。所以八家將兼具陰陽正邪兩面的曖昧荒謬性。以八家將象徵民意，意味著民意也有正負兩面，可以是造成金權政治氾濫的陰暗人生，也可以是表彰社會正義的最高判準。

　　八家將所象徵的政治戲碼，正是目前席捲台灣的主流金權政治。它是後解嚴的普遍政治結構與特殊的地方文化結合而成的荒謬產物。金權政治原是一種資本主義化的解符碼之流(decoding flow)，可以衝潰一切區域文化血緣的疆界限制。但是台灣的主流金權政治卻是以土地與族群的本土圖騰為訴求，在資本主義的解符碼之流中，進行一種近乎新原始部落主義式的再符碼化(recoding)。

　　所以從主體性的符號觀點來看，八家將臉譜作為一陳述主體，象徵時下流行的各種意識形態的主觀激情符號，召喚著群眾成為各種階級族群的激情發言主體，美其名曰「人民的聲音」。實際上這些階級族群的劃分只是一部落圖騰式的再符碼化的族群分類(class)，而整個社會底層卻已經是一種解符碼化、微分化的「大眾／物質」(mass)的塊然之流。

　　《被化妝過的臉》一畫，畫面分割為左右上下四格，右上左下兩格為八家將臉譜，另外兩格則一片流彩暈影迷離。右下格還有一點人像的輪廓，左上格則完全模糊不辨，迷離的流彩暈影還溢出格，掠過旁邊的八家將臉譜。這意味著八家將臉譜所象徵的族群圖騰的分類標籤只能暫時的掩飾代表，並無法真正的涵蓋統攝社會底層的大眾塊然之流，他們是各種欲望、力量、聲音異質雜多的混沌之流，可以使任何武斷分類的標籤圖騰本身也變曖昧含

混，正如同流彩暈影迷離的八家將臉譜。

統觀而言，八家將臉譜所象徵的是解嚴以來意識形態競逐的符號政權，相對於此時，則是漫畫人體肉搏所象徵的赤裸鬥爭的力量王國。1993年的《台灣圖像與影像 I 》，人體肉搏漫畫與八家將臉譜簡單並列，直接標示出臉的符號政權與身體的力量王國在現實中的混合並行 。

身體的力量王國屬於資本主義解符碼化的大眾社會，臉的符號政權則是地方草根傳統的再符碼化。畫家廣泛援引民俗文化體裁以至普普藝術所形成的片斷異質雜燴，難以歸類的表現方式，無論被貼上「後現代」或「超前衛」的標籤都無所謂，有趣的是，畫家在傳統與現代斷裂而又並置的空隙間，通過各種時空倒錯光怪陸離的今古奇觀，始終是以一般的民眾文化作為表現關懷的焦點，無論其為傳統民俗文化或現代的大眾流行文化。由此反映出最耐人尋味的一點就是畫家從不忌諱俗艷的風格，而且還刻意尋求俗艷。在這次的系列作品中，畫家就特別去找了一些現在已經很少見的老式的染色花布被單，貼在畫布上，一些圖像就直接畫在花布被單上，極度渲染俗艷的裝飾效果。

在這次個展的另一系列「除卻巫山不是雲」，這種俗艷的效果更是渲染得淋漓盡致。顧名思義，這個系列是專門表現性愛的主題。如果說八家將系列是象徵集體意識的主觀激情符號，那麼，這個「巫山」系列則轉而為某種個人化、隱私化的主觀激情符號，似乎試圖在現實的力量王國與符號政權之外，尋求另一種欲望的出路與救贖的形式。就如一再援引的標題：「曾經滄海難為水，除卻巫山不雲」，性愛的高潮成為一種近乎永恆的烏托邦想像。一幕幕擬春宮畫的綣纏場景，形成一個隱私化的激情符號的猥褻王

國，作為對現實的超脫昇華。

　　有趣的是，男性與女性，臉與身體的形象，在一系列擬春宮畫的猥褻畫面中，有頗為微妙的分配與轉換。畫中大部分的男性形象，以慣有的粗黑亮質線條勾勒出身體輪廓，身體輪廓間則充盈翻騰雲雨冰河川峽光風暈影，瑰麗、透明、空靈、縹緲，彷彿不食人間煙火，女性的形象則刻意渲染俗艷的裝飾效果，無論是畫在花布被單上，或是援用流行的影像圖像，都決不空靈透明。在臉的表現上更為明顯。男性的臉總是以半寫意的線條勾勒，彷彿沈思禪定狀；女性的臉則極力渲染猥褻淫蕩的表情，如《除卻巫山不是雲》兩幅連作。因此「巫山」系列基上上是以男性為主體的性幻想投射，透過對女性俗艷形象猥褻意淫的冥思想像，弔詭的使男性主體達至空靈透明的淨化昇華。

《八家將—II之二》

《八家將—II之八》

寫實的魔咒

連建興的照相寫實與魔幻寫實

　　連建興是頗為典型的新生代畫家。文化大學美術系畢業，「台北畫派」的一員，崛起於八〇年代中期，經歷過幾次外來繪畫潮流的衝擊，如照像寫實主義、新表現主義等。當然更經歷過解嚴年代台灣美術前所未有的騷動狂飆。而在狂飆過後的九〇年代，逐漸沈潛摸索出介乎寫實與象徵之間，較難歸類的個人新風格。統觀連建興的畫風演變，除了中間有一小段新表現主義，基本的調子是偏向寫實主義的具象風格。

　　現代畫大師保羅・克利講過一句膾炙人口的名言：藝術並不是要複製可見的，而是使不可見的成為可見。乍聽之下，對於寫實主義似乎是莫大的打擊。寫實主義就是「畫什麼像什麼」，將日常所見的在畫布上複製出來。照克利的講法，根本就不是藝術。然而在一般人心目中，寫實主義無疑又是最合乎「常識」的一種藝術表現方式：「你看畫得多像！」事實上，直到今日，對於寫實具象畫執迷與輕蔑的兩極化反應，仍然是台灣美術一個老生常談的

問題，毋庸諱言，大部分收藏家仍是偏愛日據時代以降泛印象派傳統的寫實具象風格。

「寫實／非寫實」的糾結

可是美術界或學院派的畫家或藝評家，無論是經過現代主義或後現代的洗禮，則普遍帶有反寫實的心態情結。此一畫市與藝評兩極化的品味差距，涉及到極其複雜的問題糾結。而連建興的寫實畫風卻在市場上和藝評上都頗受肯定，也許可以當作一個例示，來重新思考「寫實／非寫實」的問題糾結。

首先，不妨重新思考克利的話，賦予更開放，更具包容性的理解，任何藝術皆致力於探索某種「可見的」形式，以使「不可見的」成為可見。差別在於，不同的藝術所追求的「不可見」──可能是某種不言而喻的意念、情調、神韻、境界──並不相同，所以所採取的「可見的」形式也就大異其趣。克利的話對寫實與非寫實都同樣有效。可以這麼說，寫實主義就是通過日常可見形式的複製，來使不可見的成為可見。這個弔詭的說法尤其適用於照像寫實主義。關鍵在於，所謂的「複製」並不是一成不變的拷貝複製，而是在外表的極端酷似蘊涵著某種不可見的微妙轉化。我們都聽過柏拉圖貶抑藝術的講法；唯有觀念世界是真實的，感官現象是以觀念世界為本的拷貝，藝術則是感官現象的拷貝，是「拷貝的拷貝」，所以是隔了兩層，極度偏離真實的「幻象」(simulacrum)。

疑真似幻的過度寫實

照這麼說，照像寫實更多隔了一層，因為它是照著相片畫的，而相片又是拷貝感官現象，所以照像寫實可說是「拷貝的拷貝的拷

貝」，是偏離真實更遠的「幻象的幻象」。照像寫實透過攝影機鉅細靡遺的過度寫實，其實蘊涵著極其不真實的虛幻效果。廣義言之，寫實可以變成一種偏離真實的虛構方式，用以呈現出「可見的不真實」。反之，虛構也可以變成一種趨近真實的寫實方式，用以呈現「不可見的真實」。

連建興的照像寫實就充滿疑真似幻的過度寫實效果。它透過對外界現實的可見形式冷酷精準的複製再見，呈現出內在自我不可見的空洞冷漠以及現代生活的物化疏離。批判理論家阿多諾講過，現代抽象畫其實反映了現代資本主義冷漠疏離的抽象社會。照像寫實則可說是以具象的形式來呈現抽象社會。以連建興的《一號跑水道》一畫為例。畫面前景是游泳池畔冷冽光滑的暗褐色磁磚。中間是一人照相疊影般的晃動背影，倚著池邊，俯臨一池碧波。右側池邊排座一列面目模糊的呆訥個影。畫面以正面的池畔為界，分割為磁磚之實與碧波之虛。由實入虛，充分呈現出「可見的不真實」以及不可見的冷漠疏離。

透過夢魘場景指向潛意識欲望

連建興現階段介乎寫實與象徵，無以名之的新畫風，有論者稱之為「魔幻寫實」，我則稱之為「夢幻寫實」，因為他將現實的造型元素作為一種夢魘象徵式的場景組合。如果說照像寫實是以過度寫實來呈現「可見的不真實」，那麼連建興的「夢幻寫實」則是虛構象徵來表現「不可見的真實」。所以這批作品乍看之下，頗像超現實主義，透過超乎日常現實詭異突梯的夢魘場景，指向潛意識欲望的真實。借用佛洛伊德的術語，它們都是一種「夢作品」（dream work），同時具有顯意的「夢內容」與隱意的「夢思想」。

「夢思想」就是潛意識中一些隱晦曖昧的欲望，透過「夢作品」的偽裝改造，表現為荒誕離奇的「夢內容」。

　　有趣的是，連建興的「夢作品」和超現實主義大異其趣之處，就在於他並不訴諸無意識非理性的自動創作技巧，而完全是一種有意識的理性設計。《慾望迷宮》和《龍的故鄉》二畫就像是古裝科幻片的片場布景，怪則怪矣，但看得出是精心安排過的。連建興的「夢作品」中，詭異突梯的場景組合，很難用文字形容得盡。如《無止盡的遊戲》中，有陰霾低沈的海天、突兀的恐龍化石、騎單車兜圈子追逐的兒童，全畫籠罩著一股宇宙洪荒般的低壓氛圍。《再生樂園》一畫更令人難以言喻，一座廢屋中，一人呆滯僵立，臂上肩上停著一隻鸚鵡，屋底是一片海洋島嶼。這些「夢作品」就像是一連串的「畫謎」。雖然畫家本人已經精心設計好謎面的「夢內容」以及謎底的「夢思想」，但是對於觀眾而言，仍然還是可像以「夢的解析」般進行無止盡的詮釋遊戲。

時代精神的想像圖式

楊仁明的「從黑水中生長」

楊仁明的畫是一連串風格鮮明、卻內涵隱晦的意象與圖案，令人費解而又印象深刻；它們往往被視為一種極其個人化的符號體系，表徵著畫家主觀的思維狀態與概念形式。

其實作為一種思維概念的表徵，楊仁明的意象圖案與其被視為一種「符號」，更好說是一種「圖式」(schema)。在此，我對「圖式」一詞的講法主要是借用康德(Kent)哲學中的「先驗圖式論」(transcendental schematism)，和新生代畫家常講的「新圖式」略有不同。

根據康德的知識論批判，一個知識判斷的形成有賴於感性直觀與知性範疇的綜合。然而，感性直觀是雜多的經驗表象(appearance)，知性範疇則是普遍的純粹概念，二者迥然異質，要如何綜合呢？普遍的純粹，概念如何能應用於雜多的經驗表象？這裡需要一個「中介」，一個「第三者」既能涵攝經驗表象的雜多內容，又能符合純粹概念的普遍形式，這便是「圖式」所扮演的

角色。唯有透過「圖式」的中介，感性直觀與知性範疇的聯結才成為可能，進而達成知識判斷的綜合。

　　依康德，唯有時間可以充當「圖式」的功能，因為時間是認知主體的先驗感性形式，具有一種純粹直觀的先天雜多(an a priori marifold in pure intuition)：一種先驗的時間性是如此地與範疇同質，構成了範疇的統一性，在其中，它是普遍的，並倚賴先天的規則。但在另一方面，它是如此地與表象同質，在其中，時間被包含在每一個雜多的經驗表象。因而，藉著先驗的時間性，範疇應用於表象成為可能。先驗的時間性作為知性概念的圖式，媒介著表象涵攝於範疇之下。

　　時間圖式是先驗想像(transcendental imagination)之產物。先驗想像是一種介乎知性與感性之間的主體綜合能力，它不同於一般經驗想像的複製，後者只能形成某一事物的個別意象，先驗想像卻能形成符合普遍概念的意象，即圖式。譬如說幾何學中的三角形概念，在現實中沒有任何個別的意象可與之完全符合，但是先驗想像卻可以在思維中形成一個三角形的圖式，用以表徵三角形的普遍概念。

　　運用於純粹知性的先驗想像圖式，是一種「隱藏在人類靈魂深處的藝術」(康德語)，其機巧與奧祕指向了「我思」(cogito)與「時間」最為根源性的主體構成活動。簡言之，先驗想像圖式是一種主體性的時間藝術。

　　楊仁明的畫風似乎也可比擬為另一種康德式的先驗圖式主義。他畫中那些半抽象、半具象的意象圖案，從早期的立方體、腦髓體，後來的半圓錐體、角錐體、半頭顱形、十字形、格子形、鉤形、植物、礦物、石器、鐵品，以至近期的欄杆形、槽形，正

是一系列介乎知性與感性之間，聯結思維概念與現象觀察的想像圖式。它們游離的抽象與具象的臨界面，扮演著「中介者」或「第三者」的曖昧角色。抽象與具象的分際蘊涵著一個更根本、更重要的差異區別，那就是「表象」(representation)「反表象」之間的張力對比。作為「中介者」「第三者」的曖昧圖式，一方面是對現實經驗表象雜多與綜合，另一方面又趨向主觀思維概念的純化與統一。總而言之，它們是畫家的「我思」在時間之流的純粹直觀形式的先驗雜多中，進行一種主體性的綜合與構成。換成通俗的話講，就是畫家的自我意識在時代精神風貌的多樣變遷中，進行一種自主性批判性的繪畫思考與實踐。在這意義下，一系列游離在抽象與具象，表象與反表象之間的意象圖案，是聯結「世界圖象」(world picture)與「自我形象」(self image)的中介者與第三者，是自我意識回應時化精神的先驗想像圖式。

這種圖式主義式的繪畫思考與實踐，當然是偏向於內省型態，以「我思」為軸心。究極而言，它是康德所講的「隱藏在人類靈魂深處的藝術」一個具體而微的表徵。但是在「我思」的大原則下，它有時會偏向「自我形象」的純化與構成，有時則指向「世界圖像」之雜多的涵攝與綜合。

楊仁明91年以來一直延續的主題「從黑水中生長出來的植物」系列連作，就是遍向「世界圖像」的綜合。標題就已標示指成這個系列的兩個基本圖式：「黑水」與「植物」。它們形成一套基本的二元圖式，表徵著某種基本的二元概念。按照常識的觀點，它們明顯的隱喻著人與環境的關係。但是在此，我想借用海德格(Heidegger)較為生疏的術語來加以詮釋。「黑水／植物」的二元圖式是表徵著「土地／世界」(earth/world)的二元概念。「土地／

世界」是海德格界定藝術作器之本質的兩個基本要素。「土地」是藝術作品中混沌鴻蒙的材質面，它是一種自我遮掩、自我隱退(self-secluding)的晦暗力量與神祕背景，同時就在自我隱退背景中蘊涵著自我推進，自我浮顯的可能空間。藝術作品的意義就在於回到混沌鴻蒙的神祕土地，在其上矗立開放出一個歷史性的世界，為一個時代賦予命運般的精神風貌。在藝術作品中，真理的彰顯與隱蔽就在於土地與世界之間的鬥爭張力。海德格的藝術觀蘊涵著一種古希臘的自然觀。所謂「自然」，就是一個不斷自我彰顯，同時也自我隱蔽的自然生成過程(physis)。

「從黑水中生長」系列就可以視為表徵著台灣的自然與文化生態之 physis 的連環圖式。根據畫家的創作自述，「黑水／植物」的二元圖式不同階段有不同的變形轉換。但是不難看出，「黑水」作為「土地」的圖式，無論是象徵性的一灘黑水，一圈漩渦，或只是一片黑底色，總是一種隱祕晦暗的背景，而所謂的「植物」則總是是指向某種可能世界的生長、開放，無論其為欄杆、格柵、水槽、或僅只是綠條、色塊。即使在那個世界中所彰顯的歷史性時代性，可能也只是像欄杆格柵一樣單調疏離的宿命型態。也許這一系列連環圖式本身就是整個時代精神處境的宿命想像。

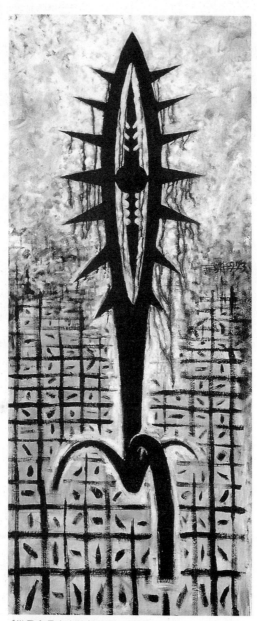

《從黑水長出來的新植物─如鏈》(1993)

輯
伍

「笑」的歷史

沒有主體的主體性

當代主體圖像

　　現階段的台灣小知識圈，「主體性」一詞已成為一個人云亦云的流行夾槓。從解嚴前後的反對運動高喊「學運的主體性」、「社運的主體性」，稍後的女性主義一再標榜脫離男性中心觀點的「女性的主體性」，以迄目前最時興的本土化論述，橫掃政治、學術、藝術諸領域，言必稱「台灣文化的主體性」……「主體性」一詞人云亦云的程度似乎未曾稍減，反有愈演愈烈不可收拾之勢。

　　面對人云亦云的「主體性」論述，該從何說起呢？西方學界探討主體性問題，必然是從笛卡兒的名言「我思故我在」開始談起。可是就台灣的論述脈絡而言，倒是不妨從解嚴年代傳誦一時的一句口香糖廣告詞「我有話要說」開始談起。這句已成「名言」的廣告詞，曾為當日各階層各領域的異議人士廣泛引述，儼然是反抗官方說法權威論述的一句代表性口號。當時正和一些讀書會朋友研讀後結構主義者布西亞的著作，曾透過布氏的模擬(simulation)概念來解讀這句「名言」：我有話要說的吶喊作為新人類反抗官方

說法,凸顯自我意識的宣言,不外乎是一種模擬矯飾的故作姿態,藉以掩飾「我無話可說」的貧乏心虛。所謂「自我意識」,只是偽裝出來的「自戀的假面」,用來掩蓋失去自我的模糊面目。「我有話要說」作為一種凸顯「主體性」的姿態,其實是沒有主體的空白狀態下一種虛張聲勢的反彈。

　　讀過柴克詮釋心理分析家拉岡的著作,對這句「名言」又有一番新解。拉岡有一個著名的隱晦公式:「意符(signifer)表現主體為另一個意符。」就「我有話要說」而言,「我」是主體,「我」要說的「話」是意符。主體/意符之間是一種差異/同一的弔詭表達關係。意符的系統是結構性的,有一套強制的符碼。主體則是一個自主性的發言位置。所以,「我有話要說」的主體性首先表現為與官方說法之強制符碼的公然決裂。決裂所暴露出來的無法縫合的裂痕、空隙、距離,正是主體性的發言位置所在。「我有話要說」作為解嚴年代的新人類宣言,就是透過舊意識形態符號系統敗壞傾頹的千瘡百孔來凸顯其發言位置的。

　　但問題並不僅止於此。關鍵在於,我作為一主體,無法不通過我所說的話語來表達我自己。我就是我所說的話語,我的「主體」就存在於一連串話語浮動不居的「意符鏈」中。「主體就是浮動不居的「意符」鏈中一個暫定的「碇泊點」(point of achoring)。換言之,這意味著「主體」原本就是浮動不居的,不可能達到充分完全的表達。沒有一句話可以真正的表達我,沒有一個意符可以充分的指涉主體的終極意蘊。主體作為一連串意符鏈環繞的碇泊點,只是一個暫定的中心點,一個虛擬的空位,純粹的空洞(void)與無物(nothing)。空洞無物的「主體」寄居在浮動不居的「意符鏈」中,這就是拉岡、柴克唯一可提供的主體圖像。空洞無物當然是

一種消極的匱乏(lack)，但消極的匱乏卻引生出不可思議的弔詭動力，使原本靜態的符號系統不斷指涉主體的空洞無物，而成為一連串浮動不居的「意符鏈」職是，「我有話要說」，所急欲表達的主體性，就存在於「我無話可說」之無法表達、無可表達的莫名焦慮中。「我有話要說」的主體性其實就是「我無話可說」的空洞匱乏。

在拉岡式式空洞匱乏的主體圖像下，「什麼才是女性真正的主體性？」「什麼才是台灣文化真正的主體性？」諸如此類小知識圈反覆質疑、焦慮探索的問題，其實都不是問題。因為真正的主體性不是別的，就是一個永遠在尋找主體性的過程，一種要建構主體性的姿態。而空洞無物的主體性當然是永遠也找不到、建構不了的。正因為永遠也找不到，所以可以無止盡地延宕下去：正因為永遠也建構不了，所以可以空洞徒然地堅持下去。「主體性」就是這個「永遠也找不到主體性」的無限延宕過程，「永遠也建構不了主體性」的空洞堅持姿態。

如果現階段的主體性論述日益令人感到空洞無物、言不及義，那倒也名至實歸，因為空洞無物、言不及義正是一種最真實的主體性表達。

在脫節的時間中

台灣文化的主體性問題

　　什麼是台灣文化的主體性？為什麼要在這個時刻提出這樣的問題，並且迫切期待某種程度的解答？一個法國哲學家如此寫道：「答案不只是要承接問題，它還須決定一個時刻、一個場合，決定問題的情境、景觀、人物，問題的條件及其未知數。需要在『朋友之間』置定這個問題，如同一種知心或信賴，或是面對敵人如同一種挑釁，一切都同時在等待這個時刻，在狼與狗之間，在這個甚至連朋友都失去信賴的時刻。」是的，一切都像是同時在等待這個時刻，在狼與狗之間，在這個舉世滔滔敵友莫測動輒得咎的尷尬時刻，在這個好像是在等待些什麼，但似乎也沒什麼好等待的莫名時刻，所謂台灣文化的主體性作為一個問題的浮現，有其極明顯迫切但也極其曖昧弔詭的戲劇性背景。什麼是蘊涵在這個問題背後的情境、景觀、人物、條件及其未知數？

　　首先，無庸諱言，台灣文化的主體性問題是當前整個社會政治大環境大氛圍的衍生出來的一環，它呼應著台灣在國際政治中

的主權定位問題，以及島內社會政治潮流本土化台灣化的意識形態認同問題。所以它在概念層次上的論述爭辯有其現實形勢上的迫切性與必要性，但也在輿論俗見層面造成不少語意混淆夾纏不休的無謂與不可耐。

　　可以這麼說，主權定位問題與意識形態認同問題所引發的台海風雲動盪不安正是蘊涵在主體性問題背後變化莫測的景觀、人物與未知數。但亦可反過來說，懸宕未決的主權問題與意識形態問題最後都必須歸結為一個文化主體性的問題，它可表述為一個通俗的戲劇性形式：「我是誰？」我要如何說「我」，如何說「我們」，如何說「我是台灣人！」或「我們都是台灣人！」

　　為什麼會產生這樣一個「我是誰？」的戲劇化的主體性問題？答案非常複雜，不只是涉及台灣特殊區域歷史背景下的殖民身分與移民性格所導致的認同錯亂，同時更指向台灣在整個現代性過程中的「普遍歷史」。

　　法國社會學家杜漢(Alain Touraine)指出，現代性的特徵之一就是「主體的誕生」，所謂的「現代化」是循著「理性化」與「主體化」的兩軸並行發展的。在這意義下，所謂「主體性」從來就不是一個遺世獨立的「內在自我」或「主觀意識」，而是一種以整個世界為場域的普遍「社會運動」。所謂「自我」或「意識」無非是「主體性」作為一普遍「社會運動」的歷史產物。從西方近代的私有財產權意識。基本人權意識、盧梭的「普遍意志」、政治主權意識、普遍民權意識、國家民族意識，以迄二十世紀的共產主義法西斯主義運動，戰後的女權意識、後殖民民族意識、環保運動的社群意識、地下邊緣團體的小眾意識等，均可視為「主體性」作為一普遍「社會運動」在「現代性」過程中所展現的不同歷史環節。

　　台灣文化的主體性問題不得不置於這樣一個現代主體性的考古學與系譜學的思考脈絡，同時還得加上台灣本身特殊區域背景的歷史情結：日本情結、中國情結、省籍情結，使得問題複雜糾結到不知該從何說起。但是問題其實也可以非常簡單，為什麼會問「我是誰？」，因為「我不知道我是誰」，就像流行歌詞或通俗劇對白常講的「忘了我是誰」、「猜猜我是誰」、「別問我是誰」。但又為什麼會「不知道我是誰」，因為過去所認為的「我」在現在突然變得如此可疑、變得完全無法相認，無法接受。如果說「過去」是一面鏡子，「現代性」就產生於這面鏡子的破裂粉碎。「現代性」作為一個主體性問題，究極而言是一個時間性的弔詭：「現代」就是一個與「過去」突然切斷任何關聯的孤立的「現在」，一個突然抽離任何歷史與傳統的空洞瞬間。然而，一個切斷「過去」的「現代」還能成其為「現代」嗎？這是「現代性」的根本弔詭，哈姆雷特說：「時間脫節了！」時間從歷史與傳統的節奏律動中逸出，成為一個純粹而空洞的形式，一個裂痕空隙般的莫名時刻，現代主體性就是這樣一個空洞莫名的時間形式，由此逼顯出一個「我不再是我」的極度弔詭的「我」。韓波詩云：「我是另一個！」時間脫節了，空洞的時間，破裂的自我，我不再是我，我是另一個！這不只是時間的裂痕與自我的裂痕，更是整個世界的裂痕，整個社會系統體制結構的裂痕。現代主體性作為一普遍的「社會運動」，以猝不及防的速度與事件穿越無數結構性的裂痕空隙，畫出「我不再是我」「我是另一個」尚未成形的新世界圖像與自我形象。維根斯坦說：「主體不是世界的一部分，而是世界的界限。」現代主體性作為一個空洞莫名的時間形式，使世界逼臨自己虛無弔詭的極限，逼顯出一切不可思議的可能性與不可能性。

　　現代主體性問題似乎是一個非常不切實際的形上學思辯，其實剛好相反，它是一個比主權歸屬或意識形態認同都更為迫切的日常實踐問題，從青少年克藥吸安，自殺成風的迷幻絕望到現代都會生活的空虛無聊，觸目皆是現代主體性在空洞時間中的弔詭形象，就如電影《愛情萬歲》中空洞的公寓，無聊莫名貧乏之至的人物動作。牟宗三論「水滸世界」嘗云：「驚天動地即是寂天寞地。」誠然，「我是誰」這個戲劇化的主體性問題就同時蘊涵著台海風雲驚天動地的景觀與人物，以及現代主體性「無人、無事、無處」空洞無聊的寂天寞地。

　　所以，就是現在，就在這個脫節的時間中，這個「我不知道我是誰」的莫名時刻，這個人人都在喊「咱都是台灣人」的眾聲喧嘩的時刻，這個不知道該如何說「我」，而又不得不聲嘶力竭的重複喊出「我」的弔詭時刻，我憑什麼說「我」，憑什麼說「我是台灣人」或「我們都是台灣人」？

　　也許，就是在這句「憑什麼」當中，蘊涵著整個問題的關鍵。我們發現，「我是誰？」預設了一個更根本的問題：「我憑什麼？我有什麼？」在「我是」的背後蘊涵著一個比「我是」更深刻的「我有」，「我是誰？」必須透過「我有什麼？」來界定。這個比「我是」更深刻的「我有」當然不只是「我有錢」或「我有權」，而是「我有我自己」。什麼叫做「我有我自己」？這和一個藝術家宣稱「我有我自己的風格」或「我有我自己的東西」在本質上是一樣的。換一個方式說，當我們宣稱「這是我的」或「這是台灣的」，和一個藝術家宣稱「這是我的作品」在本質上是一樣的。我憑什麼宣稱「這是我的」，因為它烙上了我的風格，我的標誌。法國哲學家德勒茲指出，一切「所有權」形式的歸屬，都是這樣一種藝術創造性的簽名式。從

私有財產權到國家主權的定位，皆可視為一種追求獨特風格與標誌的藝術創造過程，就如同在一塊荒地上插上旗幟，標示這是「我的疆界」，「我的領土」。正是在這意義下，文化主體性問題可以反過來界定政治主權問題與意識形態認同問題。政治主權的確立與意識形態的形式皆有賴於現實性的物質基礎，諸如軍隊武力、有力運作的政府、族群階級的實質利益等等，但最後仍須訴諸文化主體性創造出獨特的標誌與風格，主權的定位與意識形態的認同才獲得真正的存在意義與個性角色，成為真正的「所有」。一切皆有其物質基礎（「台灣人出頭天」是建立在「台灣錢淹腳目」之上），一切也都是一種文化形式的表現，從政治主權，意識形態到經濟成就都是文化主體性所創造出來的「作品」，它們也唯有透過獨創的文化風格與標誌才得以成為真正堅固不朽的歷史「里程碑」，真正可以永久持有的「所有權」，可以永世綿延的「疆界」與「領土」。（所以單憑「台灣錢淹腳目」並無法真正達到「台灣人出頭天」，沒有形成真正台灣特色的文化，國際間將永遠只認得台灣的錢，而不認得台灣的人，台灣經濟奇蹟的「所有權」也將無法充分實現其「所有」的意義。）

　　所以，台灣當前的整個危機，從台海風雲動盪不安的軍事政治危機到「我不知道我是誰」的意義認同危機，都可歸結為一個主體性的危機，而整個主體性的危機則可歸結一種「所有權」的危機，「我不知道我是誰」的終極焦慮就在於「我將失去一切」「我將失去我自己」「我將一無所有」。仍借用德勒茲的講法，此一「所有權」的危機是一種巴洛克式的危機，這意味著，「實體」「主體」「本質」等古典範疇皆已分崩離析，潰不成形，「所有權」也失去可以歸屬的「主體」或「中心」，就如同一個命題表述的「謂詞」（predicate）失

去可以歸附的「主詞」(subject)，而離析為一系列去中心化，去主體化的事件、樣式、模態。這就是巴洛克式的形式主義與矯飾主義。這是一個典型的現代性的極端危機，但也未嘗不是一個極端的契機與轉機，指向新的「所有權」形式，新的「主體性」概念與「個體化」原理，以一種超越古典「實體觀」「本質觀」的「模態邏輯」，一種超越傳統邏輯二元對立的「模糊邏輯」。

在這觀點下，當前論述中習見的問題：「存不存在台灣文化的主體性？」「如何建構台灣文化的主體性？」其實都是一種非常無謂、非常不對題的提問方式。

第一，文化主體性本身就是一個「作品」，一個需要不斷形塑更新的風格與標誌。它不是一個固定不變的本質或實體，一個已經擺在那裏的「現成物」，等著去發現或挪用，更不是一個預先設定的先驗框架，可以拿來套東套西。主體性只有做出來才算數，即使是在「說」的層面上，也要「說」出來才算數。因為「說」本身就是一種「做」，「論述」也是一種「創作」。「論述」的主體性不能只是一再重複「我有話要說」的空洞宣稱，更要真正說出自己的話。遺憾的是，目前文化界美術界有關主體性的論述，無論是本土主義，女性主義或各種邊緣地下小眾的新新人類論述，不是「天橋把式，光說不練」，除了一再宣稱「主體性」三字什麼也沒說，要不就是陳腔濫調夾纏不休。台灣的主體性論述仍停留在俗見紛紜的層面，還沒有真正的開始「說」，真正的開始思考。我們必須創造真正的「主體性」概念，真正的「台灣」概念，來對抗紛紜無謂的俗見，不僅是因為俗見的陳腔濫調夾纏不休實在是俗不可耐，更重要的是，在這陳腔濫調夾纏不休中蘊涵著最為偏激偏執的意氣之爭與血腥對立。從文化界美術界無謂無趣之至的主體性論述到計程車

行的動員聚嘯街頭喋血，無非是同一套俗見邏輯的展現。老杜《畫鷹》詩云：「何當擊凡鳥，毛血灑平蕪。」唯有破除俗見，才能創造出真正的文化主體性。

　　第二，「如何建構台灣文化的主體性？」這種提問方式就如同是問：「如何畫一幅有原創性的好畫？」「如何寫一首有自己風格的好詩？」一樣的荒謬可笑。對於文化創造的問題，也許我們只能消極的問「如何避免一些足以扼殺創造活力的偏見迷思？」目前一個最無謂的講法就是把主體性當做一種血統論式的純粹本質，彷彿只要把中國的成分抽掉，日本的抽掉，美國的抽掉，就可以還原出真正純粹的台灣文化。問題並不在於是否真的存在這樣一個不摻任何雜質的純粹台灣，重要的是，一個文化主體性的形成挺立並不能由它所秉承的血統淵源來保證；而在於它能否消融轉化各種異質淵源的文化血統，綜合創造出屬於自己的文化新品種。換言之，文化主體性的形成並不在於保持血統的純粹性，而在於盡量嘗試各種「混血」「雜種」的可能性。主體性不是「現成物」，而是一個「作品」。但「作品」的產生並非憑空而降，而是需要挪用轉化生活周遭各種自然，及人文的「現成物」作為創作的「材質」。中國、西洋、東洋各種異質文化傳統皆是創造台灣文化主體性有待挪用轉化的「現成物」。

「主」「客」之道

台灣藝術的主體性問題

　　一旦置定「台灣藝術的主體性？」作為一個極待思考的問題意識，不難想像兩種最常見的質疑方式。第一，是否真的存在，真的有所謂「台灣藝術的主體性」？第二，如果真的存在「台灣藝術的主體性」，那又是對應於一個什麼樣的「客體」？我想說，這看似高明的典型質疑其實只是一種人云亦云的無謂姿態，再一次把主體性問題置於一個全然不切題的錯誤思維圖式。

　　第一，「主體性」並不是一個置於某處的「東西」或「實體」，說它「在」或「不在」，「有」或「沒有」並無多大意義。主體性的「在」不只是海德格所說的有別於一般事物存在的「此一在」(Da-sein, there is)，他不只是不斷發現自己在這裏或在那裏，而且更不時驚覺自己既不在這裏也不在那裏，正所謂「二十餘年成一夢，此身雖在堪驚」。主體性既非絕對的「在」，亦非絕對的「不在」，既非全有，亦非全無。他總是「在」，也總已經「不在」。我們需要一種新的模糊邏輯與存在命題，超越非有既無「0／1」二元的僵化思考。

就藝術而言，主體性的「在」與「有」是一個力量與強度量的程度問題，而非 0 與 1 的全無或全有。「存不存在台灣藝術的主體性？」的問題應轉化為「台灣藝術表現出多少的原創性？」「有沒有足夠強有力的作品可以稱為台灣藝術？」

第二主體之名並不是建立在與某個「客體」的相對關係上，剛好相反，主體之為主體就在於他所「面對」的從來就不是一個擺在那裏，一成不變的「客體」。說我「面對」一張桌子或一面牆並無多大意義。「客體」一詞不妥，彷彿「實體」或「東西」充滿物化意味。「主體／客體」的概念架構是一個非常糟糕的思維圖式，完全無法觸及主體性問題真正的形象內涵。更糟的是，一種庸俗黑格爾式搬弄俗濫術語的唬爛辯證，諸如：「主體變成客體」，「客體變成主體」，「超越主客對立」，「主客合而為一」云云，在物神幻術般的煙幕幌子中將主體性問題一再帶回貧乏無趣之至的空洞循環。

我們至少可以說，「主體」不是「實體」，「主體」並不與「客體」相對。

主體不是某種獨立而不改，周行而不殆的「精神實體」，而是一組組不斷在形構變化的「自我關係」，不斷在變換組合的位置、角色、功能，一組組作用於自身，不斷自我褶曲的多元異質力量。所以嚴格說來，主體不是一個「體」，而是一個「場」，一個多元異質力量貫穿投注的場域，交織著各種波詭雲譎的痕跡與符號、運動與事件，各種遽起直落，不可思議的速度與強度，高度與廣度、深度與表面，乃至於各種壓抑、排斥、耗竭、抵消的空虛與陰影。主體就是一場「猜猜我是誰？」的字謎與命名遊戲，一系列不斷變換「面具」與「形象」的劇集戲碼。

什麼是「自我關係」？當我們說「覺今是而昨非」，這「昨日之

我」與「今日之我」就是一種「自我關係」。佛洛伊德的「自我／本我／超我」的三分架構,可說是將主體性分析為「自我關係」的理論典範。一位在巴黎自殺的年輕女小說家曾私下講過一句頗耐人尋味的話:「我很久沒有和自己說話了。」誠哉斯言,這「和自己說話」就是一種最日常性也最戲劇性的「自我關係」,一種嘗試界定主體性的對話遊戲,雖然很可能只是一場顧影自憐的自戀獨白。或者可以反過來說,既使是我心深處最自我的自戀與獨白,也總已經置於某種眾聲喧嘩的對話關係之中,「自我」從來就不是單一和一成不變的,他總已經在每一瞬間變成自己的「複像」(double),總已分身幻化為「月映萬川」般無數個「我」。

主體性作為一種「自我關係」,就是自我「面對」自我的各種鏡像與對話的戲劇性關係。但主體並不是一個孤立封閉的獨角劇場,因為自我從不直接「面對」自我,「他」總是通過與外界的關係,與他人的關係,與各種不同對象的關係,乃至於與自己身體的關係來界定自己。主體從不「面對」客體,而是「面對」一個「他者」,唯有「他者」才需要「面對」。主體性作為一種自我與自我的關係,就是在自我與他者的不斷相逢遭遇中逐漸形成。主體性的問題就是學習如何「面對」自我,而如何「面對」自我就是如何「面對」他者。誰是他者?誰又是台灣藝術的他者?這是探討台灣藝術的主體性問題首先要「面對」的。

解構哲學家德希達今年在巴黎高等社科院的研究班課程提出了「外來者」(étranger)一詞,可說是對「他者」更進一步的界定。「他者」就是一個「外來者」,一個不請自來的「不速之客」。正所謂來者是「客」,既使是不速之客來者不善。主體性問題必須還原到這個最原初的「主」「客」關係,不是「主體／客體」,而是「主人／客

人」。「主體」一詞原本就與「主人」有根源性的意義關聯。如果「主體性」是指一種不受宰制奴役的「自主性」，則很明顯的有「自己當家做主」「做自己的主人」的意味。但所謂的「主人」，至少有兩個涵義。一是與「奴隸」相對的「主人」，一是與「賓客」相對的「主人」。一切「主」「客」關係的問題就在於原本平等對待的「賓主關係」異化為某種反客為主或反主為客的「主奴關係」。所謂「殖民主義」，就是一個不速之客的「外來者」突然反客為主，對「在地人」(autochtone)建立起各種宰制形式的主奴關係。在西方當代思潮中，無論是後結構主義與後現代主義之解構主體性，或是後殖民論述與女性主義之重建主體性，無非都是反對「主體」作為一個奴役他者同時也自我奴役的「主人」，企圖解放「主／奴」關係，還原到最原初平等對待的「主」「客」關係，重新界定「主體」作為一個「主人」的真正意義。思考主體性問題的真正思維圖式，並不是「主體」與「客體」的對立或統一，而是不知名的「主」與「客」最原始的相逢遭遇。

　　來者是「客」，但也總是來者不善，所謂「不善」，至少有兩個意見，一、不懷好意，二、不是好惹的。對台灣而言更是如此，試問中共、美國、日本，有那一個是好相與的？正是這一波波來者不善惡客臨門的殖民情境，造成了台灣歷史的悲情與鬱卒。為什麼一定要「面對」這些不速之客的「外來者」？這是台灣作為一個移民社會不得不「面對」的純屬偶然而又無可奈何的歷史命運，因為一個移民社會的「主體」原本就是由各種不速之客的逃逸路線交織而成的。台灣的主體性能否凸顯挺立，關鍵就在於如何接待面對這些善或不善的不速之客，從經濟政治到文化藝術，台灣尋求自主性的「主體之道」同時也就是如何面對「外來者」的「待客之道」。台灣的主體性危機就在於找不到一種平等對待、賓主盡歡的

「待客之道」。

　　然而，當前蔚為主流的「本土意識」，背後所蘊涵的正是一種極其強烈，想要「當家作主」的「主人意識」。相對之下，所謂「外來者」或「客」的範疇則不可免的負面的貶義多於正面。前一陣子政治人物之間一句「乞丐趕廟公」之譏所引發的「誰是廟公？誰是乞丐？」的爭議，就充分反映出一種人人爭坐「王」位，貶抑「客」位的「主人意識」。強烈凸顯的「主人意識」，一方面是反抗台灣在歷史上的「殖民」身分後遭受到的各種宰制壓迫，另一方面則力圖扭轉台灣的「移民」性格中一直浮游無根的「過客」心態，要求認同斯土，落地生根。這股無可抑扼的「主人意識」的確是近年來「本土化」運動的主要精神動力，但是過度標榜「主人意識」，卻很可能封閉膨脹為另一種沙文心態與殖民情結而不自覺，在反宰制之中重蹈覆轍，在主客逆轉之中形成另一種異化的「主／奴」關係。所謂「主體性危機」，既可指「主體性」的失落，亦可指「主體性」的過度膨脹。這正是西方當代思潮解構「主體性」的主要旨趣所在。

　　誰為「主」誰為「客」並不是本質性的區分，而只是特定的歷史脈絡中一組組對轉換的「位置」與「角色」。所謂「外來者／在地人」的區分正是歷史舞台上一組戲劇性轉換的「主／客」關係，而非先天不變的血統差異。台灣的主體性必然是在「本土」與「外來」、「主」位與「客」位的兩極間尋得一戲劇性張力的平衡點。「主體之道」未嘗不是一種「作客之道」。

　　從「在地人／外來者」相對的「主／客」關係，可以逼顯出另一個思考主體性問題的思維圖式。主體性的構成並不在「主體」與「客體」之間，而是在「土地」與「疆界」之間。所有的主體性問題都是與「土地」息息相關的「地緣歷史」與「地緣政治」，都是對「土地」的一

種「解除疆界」與「重畫疆界」的努力，一種不斷佔領改變版圖的歷史社會運動。「在地人」與「外來者」的「主／客」位置相對於不同的歷史社會運動具有不同的角色功能。依德勒茲與嘉達希(Guattari)之說，在專制帝國的權威體系中，「外來者」是以一種垂直高度的天降之姿，如同天神或外星人般降臨在已成荒漠的土地上，頒布法則，奠定疆界國土。相反的，在都會城邦中，則是解除疆界的運動自內而發地以水平的向度展開，解放出「在地人」與「土地」的力量。當然，「在地人」與「外來者」的「水平／垂直」運動是相對而非絕對的，而「水平／垂直」的相逢遭遇所產生的種種「主／客」乃至「主／奴」關係則更是複雜莫名。

　　誰是台灣藝術的「他者」與「外來者」？日據時代傳來的泛印象寫實傳統，國府來台後大力傳播的中原水墨傳統，六〇年代的現代主義非具象傳統，七〇年代前衛達達的觀念裝置傳統，都曾以「外來者」天外飛星般的垂直之姿，為台灣的文化荒漠頒布奠立藝術的法則與疆界。而八〇年代末與九〇年代，呼應整個社會政治大環境的「本土化」潮流，台灣美術似乎也一度湧起一股自內而發水平開展的「本土化」創作運動，環繞著台灣的歷史與現實形成一波波喧嘩爭鳴的圖式符號乃至於「觀念」「行動」。當然，實際的圖像要遠為複雜。外來的藝術傳統能夠垂直天降，需要本土的追隨者作自內而發的水平開展。反之，本土化的水平開展也往往需要召喚某個「外來者」，乞靈於某種「異國情調」，賦予水平開展的視域某種飛升的逃逸路線。所以，那些環繞著「台灣」的圖式符號會充滿各種新表現超前衛後現代乃至中南美洲的「異國情調」是不足為奇的。更有甚者，過度膨脹「本土化」，往往蘊涵著某種「符碼化」與「圖騰化」的危險，渴望膜拜某種新上升的垂直向度，弔詭的是，

結果往往不是「本土」上升成為一個受膜拜的超級新星，而是某個「異國情調」的「外來者」被神聖化為「本土」的根源，如同天外星系般遙遙接受膜拜。這也就是一般常講的「認同錯亂」。譬如電影《多桑》所表現的「本土意識」中的「日本情結」，或是日據時代傳來的西洋油畫傳統被神聖化為某種根源性的符碼與圖騰。

　　台灣藝術的主體性注定要通過各種「本土／外來」之「水平／垂直」路線交織而成的迷離座標，其複雜弔詭處遠超乎「本土主義」或「國際主義」非此即彼的取捨抉擇。借用德勒茲與嘉達希對於「少數文學」(minor literature)的講法，台灣藝術也可視為一種「少數藝術」，其主體性的弔詭在於：㈠不可能不創作；㈡不可能以外來的藝術語彙創作；㈢不可能不以外來的藝術語彙創作。不可能不創作，因為唯有透過藝術創作才能彰顯台灣的主體性。不可能以外來的藝術語彙創作，因為無法彰顯台灣藝術的主體性。不可能不以外來的藝術語彙創作，因為台灣根本就沒有源於自己的藝術語彙。台灣藝術的主體性就是在「這也不行，那也不行」的多重不可能性中所逼顯出來的弔詭可能，從不屬於自己的外來語彙中挖掘出自己的語彙，從文化殖民主義的主流藝術中創造出游離逃逸的「少數藝術」。所謂的「少數」不是量的問題，而是與主流霸權之宰制者相對的解放逃逸者。譬如說相對於沙文主義的白種男人，舉凡女人、有色人種與小孩都是「少數」。

　　有兩個可資借鑑的模式，分別代表「國際主義」與「本土主義」的典範：一為南韓白南準的模式，一為中南美洲藝術的模式。白南準以一介亞洲人打進六〇年代西班牙藝壇主流，首創錄影藝術，與波依斯、安迪‧沃荷、約翰‧凱吉等大師並駕齊驅，在前衛藝術史中享有不容抹煞的一席之地。連帶的也帶動了整個南韓

前衛藝術的國際地位。中南美洲藝術則將西方從古典主義到現代主義的風格技巧與本土的歷史文化傳統成功融合，創造出兼具現代感與民族性的藝術景觀，在歐美主流之外異軍突起，在世界性的藝評與市場皆大有斬獲。當然，這兩套模式各有其盲點與危險。白南準「師夷之技以制夷」的國際大師地位固然為韓國爭光不少，但是在他的作品中，除了「白南準」三字非常韓國外，實在看不到什麼韓國的影子。而中南美洲藝術令人目眩的民族性與本土色彩，則很可能淪為另一種滿足白人中心觀點之窺奇探祕的「東方主義」。

　　一切仍須還原到「本土／外來」之「主／客」相逢的原點，「主體之道」即是「待客之道」與「作客之道」。法國思想怪傑克羅梭維斯基（Klossowski）在著名小說《待客之道》（*les Lois de l'hospitalite*）如此寫道：「然而此間的主人邀請陌生訪客重新登上超越所有偶性之所有實體的源頭，在此他如何創立一種他和陌生訪客之間的實質關係，實際上不再是一種相對的關連，而是絕對的，好像主人與陌生訪客已融合為一，他和剛來的你的關係不外乎是他和他自己的關係……從今而後主人將不再是回到他自己家的主人；他將完全滿足於他的使命，他將轉過來變為賓客。」

笑的歷史

論《給我報報》

「夜已深，暫且闔上給我報報，但明兒一早，我將再啟。」

據說這是一個名叫「蔣夫人」的人對《給我報報》的評語。當然不會有人無聊到去追問這個「蔣夫人」究竟是那個「蔣夫人」，她真的看過《給我報報》，真的講過這些話？重要的是，這些話到底有什麼好笑，好笑在哪裡？

乍看之下，實在感覺不出有什麼好笑。但是稍加回味一下，又覺得倒也滿好笑的。可是再想一下，又實在說不出有什麼好笑。反正就是挺好笑的，管他為什麼好笑，笑一笑也就算了，笑不出來也無所謂。這種莫名其妙，沒頭沒腦，也說不出為什麼好笑的搞笑方式，按照目前最流行的講法，就叫「無厘頭」。

我曾在一篇書評中指出，看《給我報報》，好不好笑是唯一的判準，至於說對現實體制是否有反諷批判，則尤其餘事也。這些話是有感而發的，因為有不少有心之士，既想從《給我報報》獲取一些「罐頭笑聲」的消費，又急於想為這些「罐頭笑聲」的消費貼上

各種冠冕堂皇的標籤品牌：批判、抗爭、顛覆等等不一而足。再沒有比這種犬儒式的憤世嫉俗更為假道學，更肉麻無趣的了。

笑的確是一種最有效的顛覆利器。就好比演員演戲，最忌諱的就是「笑場」，只要有誰——「笑場」，好不容易營造出來的「入戲」的情緒氣氛，會即刻破壞殆盡。引申言之，人生如戲，人世間一切嚴肅、崇高、神聖的戲劇性時刻，都是不堪一笑的，都會在忍俊不住的一笑間，頓失意義，潰不成形。問題是，由笑所引發的顛覆，只是一種附加的「笑」果，而非笑本身的目的。笑的唯一目的當然就是笑本身，笑儘可以顛覆一切、粉碎一切，但是如果只是為了顛覆某個對象而笑，只是把笑當作一種顛覆的工具手段，那就已經不是笑了，而是笑的「異化」，笑已淪為一種否定報復心理的產物。這樣的「笑」已笑得有點不太對勁，不太好笑。更重要的是，並不是因為人們的笑使得整個時代與體制失去意義，瀕為解體；而是因為整個時代與體制瀕於解體，突然喪失嚴肅意義，才使人們忍俊不住的發笑。就好像演的戲本身太爛了，簡直不成戲，所以演起來會忍不住笑場。換言之，像《給我報報》這種嘲諷搞笑文體的出現，並不因為人們突然發現「笑」也可以成為一種顛覆體制的手段，而是因為體制本身的顛覆解體，使一切在突然之間都變得非常可笑。《給我報報》只是整個可笑的時代中，眾多可笑反應中的一項。

所以《給我報報》的真正「笑」果，並不是那些犬儒的假道學所講的以「笑」來顛覆現實體制，而是它無厘頭的搞笑方式完全搞混了笑本身好笑與不好笑的界限。我曾說過，看《給我報報》，好不好笑是唯一的判準，這話依然有效。問題是，好不好笑本身並無判準可言。我們無法預先設定，合乎什麼樣的標準才算好笑，不

合則不好笑；好不好笑只能由當場笑不笑得出來來決定，而且極端主觀。對張三好笑的，李四未必笑得出來。此一時好笑，彼一時未必好笑。《給我報報》的問題還不僅止於此，更在於我們根本無從判定它究竟好不好笑，究竟好笑在那裡。就此而言，《給我報報》比周星馳的無厘頭電影更為無厘頭。因為在大部分的情況下，它都不太好笑，但是它的好笑就在於它的不好笑。記得很久以前看過一幕電視短劇，演兩個小丑在舞台上耍寶，耍了半天，兩個小丑自己笑得要死，舞台下的觀眾卻瞪著眼笑不出來。可見得「好笑／不好笑」的顛倒錯亂，本身就是莫大的好笑。

　　一個可笑的時代之所以可笑，往往並不在於它有什麼好笑，而在於它有太多的不好笑。但是如果我們可以從不好笑當中突然發現忍俊不住的好笑，那也稱得上是曠世幽默的搞笑奇才。那麼，不要等到明天一早，讓我們從今夜就打開《給我報報》，從最不好笑的那一頁開始笑起。

速度與政治

在任何時代，政治的問題都不只是一個技術的問題。但是對於講求理性、效率的現代國家而言，技術的問題卻往往是一個最根本、也最嚴重的政治問題。近年來由於一連串捷運工程弊端爆發，不但把台北市民苦熬已久的「交通黑暗期」推到了更黑暗的極致，而且比現階段的任何重大政治議題都更能反映出整個國家機器運作不良的嚴重政治危機。

所謂「交通黑暗期」，簡言之，就是交通的流量遠超過交通管道的容納量。以致整個交通過程陷於「此路不通」、「無路可出」的堵塞遲滯狀態。這是一個管道暢不暢通的問題，也是一個空間與運動的問題，一個速度的問題。「交通黑暗期」所反映的危機訊息，乃是城市繁榮發展所帶來的各種「流量」：人口的流量，勞動力的流量，貨物的流量，資源的流量，金融與資本的流量，資訊的流量……已充盈堵塞國家機器所能提供的「管道」。城市與國家是帶動現代資本主義發展的雙頭馬車，有時城市跑在前面，有時國家

跑在前面。城市是各種管道，各種流量的輻輳點，同時也通向其他管道，相互聯結，形成各種水平式的都會網路。國家的功能則在於監控各種管道與流量，規制各種運動與速度。所以相對於城市都會的水平網路，國家機器總是構成一種垂直式的階層秩序。古代專制帝國的功能主要在於水利管道的修治，現代國家機器的功能則在於公路交通的監控。按照黃仁宇先生的講法，資本主義的特徵是「用數字管理」，那麼，「速度」可說是第一個需用數字來管理的數字，一個數字中的數字。台北「交通黑暗期」的癥結，就在於轉型中的國家機器還無法用真實的數字去掌控城市發展的「速度」。於是我們看到一連串虛假的數字爆發為一連串無法收拾的弊端！

　　一般的觀念會認為是城市的發展帶來了資本主義。其實並不盡然。城市只是各種流量的輻輳點，是國家使各種流量納入管道，流通整合。箇中道理，每天都陷身於大堵局動彈不得的百萬市民當體會最深！國家機器要到何時才能轉型成功，追趕上城市的速度？否則，「超速」領先的城市會反而就這樣逐漸「失速」，就這樣慢下來，停滯下來？

　　「欲速則不達」這句陳腔濫調的俗諺，沒想到拿來形容今日的捷運，竟是最貼切的政治箴言。

失速的憂鬱

評昆德拉的新作《慢》

「緩慢度直接與記憶的強度成正比；速度直接與遺忘的強度成正比。」

這兩則對比的警句是昆德拉在新作《慢》(*La Lenteur*, 1995, Gallimard)所提出的兩個基本命題，兩則號稱是「存在的數學」(La mathématique existentielle)的基本方程式。整篇小說就環繞著這兩個對比的命題，在昆德拉夾「敘」夾「議」的一貫作風下，推演出兩組古今對照的世界圖像，兩組大異其趣的符號王國：一個是科技革命的現代世界，一個機車騎士狂飆的速度王國。當一個機車騎士狂飆時：「他抽離時間的連續性，他在時間之外；換言之，他處於一種出神忘我的狂喜狀態(un état d'extase)。」速度作為這樣一種出神忘我的純粹形式，是非肉體性與非物質性的，它可以解消身體，解消記憶，解消自我，解消任何意義；相對於此，則是一個中世紀騎士小說世界的緩慢王國，充滿了曲折悠緩的自我追尋與求愛冒險的羅曼史，曖昧歧義懸宕的性愛符號與詮

釋學迷團。

　　循著夾「敘」與「議」之兩種文體平行穿插的線索來分析，《慢》的結構佈局並不算太複雜。「敘」的部分：環繞著一個已改成度假旅館的古堡為中心，發展出幾組不同時空向度的故事系列。第一人稱「我」的小說家及其妻子到古堡度週末，小說就開始於這對夫婦在塞車途中對「速度」的討論思辯；一個昆蟲學會議在古堡舉行，兩個不同世代背景的昆蟲存家抑鬱挫敗的心路歷程，一個明星級知識分子的超級媒體秀，還有一場昆德拉小說中少不了的荒謬春宮戲；一個十八世紀名不見經傳的作家丹諾(Vivant Denon)所寫的騎士小說《沒有明天》(*Point de lendemain*)，敘述一個年輕騎士和一個伯爵夫人在古堡中曲折懸疑的偷情過程。相對於這一系列不同時空向度的「今古奇觀」，《慢》在「議」的部分則從「速度」的概念出發，推演引申出幾組相關的概念和問題，包括對享樂主義概念的重新界定，批判現代媒體文化而提出「舞者」、「世界性歷史現實」等概念。

　　只要領教過一點「米蘭風」，這一切顯然並不陌生，它們不只是有一貫的脈絡和軌跡可循，簡直已自成一套可以套公式的通俗類型小說，由幾組已經典型化樣板化的主題元素與情節元素進行排列組合的公式轉換。《慢》顯然是米蘭風的類型化公式駕輕就熟的典型產物。該如何評價它的得失？

　　另一個問題是：昆德拉夾「敘」夾「議」的混合文體應如何歸類定位？也許大部分的米蘭迷會覺得這一點都不重要，其實這正是問題所在，因為「敘」與「議」分別涉及兩組不同型態性質的表現機制，兩套不同的評價標準。

　　依據德勒茲與嘉達希《什麼是哲學？》一書的講法，哲學創造

概念，從實際的事物狀態提取單一性的「事件」；文學藝術則創造
超乎個別主觀狀態的「知覺」與「情感」；科學則創造「函數功能」
(function)，對實際的事物狀態形成一套指涉系統。譬如說，針對
「速度」這個現象，數學家或物理學家可建構一套計量速度的函數
系統，文學藝術家可表現對於速度的知覺與情感；哲學家則創造
一套速度的概念，使速度成為一個單一性的事件。

　　準此，昆德拉夾「敘」夾「議」的混合文體明顯的同時涵蓋了文
學性的表達與哲學性的概念創造。他所標榜的「存在的數學」當然
並不是什麼真正的函數方程式，而是對概念創造的一個比喻式的
說法。所以，要評價昆德拉的「小說」，必須分別訴諸文學表現與
概念創造兩套不同的機制判準。而很明顯的，在昆德拉的「小說」
中，概念推演的強度要凌駕在小說敘事之上，因而他筆下的角色
人物，較不像一般小說中的文學性角色或「美學形象」(figure
esthétique)，而更接近德勒茲所講的「概念性人物」(personnage
conceptuel)，是用來體現概念的力量更甚於知識情感，就猶如柏
拉圖筆下的蘇格拉底，或尼采筆下的查拉圖斯特拉或戴奧尼索
斯。或者可以這麼說，主導昆德拉小說中概念推演的「我」是一個
「概念性人物」，各種小說角色的「美學形象」只是用來包裝這個「概
念性人物」的單一的「我」，情況有點類似社教宣導影片中的樣板人
物。所以，要評價昆德拉的「小說」，不在於問他創造了什麼新的
角色人物情境（幾乎都是千篇一律，大同小異），而在於問他創造
了什麼新概念，提取挖掘出什麼新事件？

　　昆德拉的高明之處並不在於他將文學與哲學兩種表現機制成
功的融為一體，而在於他分別為這兩種表現機制找到了一個半調
子品味的中庸折衷點。無論就文學性與哲學性而言，昆德拉都不

算頂尖的，但却較不費力，所以更為討好。其文筆技巧雖不失準確流暢，但若論豐富性、實驗性、創新性，顯然不及格拉斯、卡爾・維諾、桃樂絲・萊辛等；其概念推演雖頗為清晰雄辯，但若論深度、廣度、強度、密度，當然更無法與當代的前衛思想家相提並論。譬如說關於速度的概念，法國思想家維希里歐（Viriligo）與德勒茲有更為驚心炫目的展現；對於媒體文化媚俗現象的批判，布希亞更推到一個無以復加的極限。然而，不夠高明似乎也正是昆德拉的高明之處。相對於當代文學哲學的各種表現機制已陷於失速超控無以復加的極限狀況，昆德拉的半調子作風就如同《慢》所描寫的伯爵夫人 T「具有緩慢的睿智，掌握所有減速的技巧」，昆德拉正是這樣一個擅於「減速」的高手，為半調子品味的流行書市塑造一種「天下之美盡止於斯」的品味幻覺。

　　「舞者」一詞是《慢》所提出的一個較具新意的概念，它延續並取代了之前的「媚俗」與「形象學」等概念。所謂「舞者」就是一個極度媚俗者，一個深諳形象學的公眾人物，永遠致力於在公眾舞台上起舞，永遠活在掌聲與鏡頭中。對昆德拉而言，真正的「舞者」不只是麥克・傑克森或瑪丹娜，而是那些明星級的政治人物與知識分子，因為他們更須致力於塑造一種具有道德色彩的公眾形象。他們為了保持公眾形象所做的努力，昆德拉稱之為一種「道德的柔道」（judo moral）。在這裏，我們看到昆德拉賴以成名的反媚俗的高標姿態有一個世故而犬儒的轉變。他讚嘆舞者「並不宣說道德，他讓道德起舞！他想以他生命的美來感召世界，使世界炫目！」「他想讓他的一生成為藝術作品。」舞者是現代世界的開麥拉之眼所界定出來的新人類，他具有一種驚人的現代性，因為他所面對的是公眾的不可見性（l'invisibilité de public）：「他並不在

你或我之前展示他自己，而是在全世界之前。而什麼是全世界？一個沒有面目的無限，一個抽象。」這個無限抽象的不可見的「公眾」同時也就是一個現代開麥拉之眼無所不在的注視，它已成為現代人性普遍條件的一部分。我們每個人都活在某個不可見的鏡頭的注視下，所以我們每個人都是舞者，要不，就只有成為一個現代性的逃兵，一個逃避二十世紀的背棄者(déserteur)。

　　其實，所有昆德拉小說中一系列的概念推演皆可視為另一種形式的「現代性」批判理論，昆德拉試圖以他自己的方式從各個特異點來捕捉「現代性」，這個單一性的偉大事件。《慢》首先將「現代性」理解為一個速度與遺忘的事件，最後卻指向一個更為根本，也更為通俗的普遍問題：「快樂是什麼？」為什麼活在現代，快樂會變得如此的困難，如此的不可能？換言之，為什麼充滿速度與遺忘的「現代性」會變成如此一個令人鬱鬱不快的憂鬱事件？真正的快樂又是什麼樣的呢？

　　然而，作為一個「小說家」，昆德拉最徹底的「現代性」批判並不在於對速度或媒體現象的諷喻沈思，而在於對《沒有明天》這本名不見經傳的騎士小說的重述與再詮釋，因為這是自《唐吉訶德》以降的現代小說一直在致力的事：重寫中世紀羅曼史的「騎士愛」(l'amour courtois)。包括安徒生的童話《小錫兵》與聖・修伯利(Saint-Exupéry)的成人童話《小王子》都是羅曼史騎士愛的現代版變體。從小說史的觀點來看，「現代性」無非就是一個羅曼史「騎士愛」崩潰解體的過程，一個自我追尋與求愛如崇高歷險逐步失去意義的荒謬事件，不是淪為「笑話」，就是淪為「童話」。就如德勒茲所說的：「小說不斷以失落人物的歷險來定義自己，這個人物不再知道他自己的名字，不再知道他在尋找什麼，他在做什麼，失

憶、心死、麻痺。」這也正是昆德拉筆下的樣板人物的最終寫照，無論是追尋自我的知識分子或追逐性愛遊戲的現代唐璜，最終都要變成不堪一笑的唐吉訶德。

但是昆德拉對《沒有明天》的重寫却呈現出一種回到唐吉訶德之前的半調子復古主義。他想像十八世紀是一個荒淫浪蕩 (libertine) 的快樂王國，帶點洛可可式的粉味甜膩，就像一部專吊人胃口的軟調春宮片。這使得《慢》更帶有一點《小王子》式的成人童話色彩。而事實上，昆德拉的小說會如此風靡，恐怕就是因為他一直帶有一種《小王子》式的敍事說教意味。如果說《小王子》是一部故作天真無邪狀的成人愛情童話，那麼，昆德拉的小說則是一系列成人版限制級的《小王子》。

逝者如斯

　　■接連聽到幾則死訊，其中一則還成為國內報紙藝文版的傳奇性標題：〈新銳女小說家魂斷巴黎〉。久矣不聞此「魂斷 X 地」的詩意公式，在觀光與遊學蔚為時尚的九〇年代的巴黎，憑添幾許異國懷舊氛圍，使人聯想起過去年代一些「魂斷 X 地」的片斷文學印象：諸如三〇年代郁達夫頹廢派留學生文學濫觴的〈沈淪〉，蘇曼殊新鴛鴦蝴蝶派的文言艷體小說，六〇年代白先勇的〈芝加哥之死〉，當然還有風靡一時的小說與電影《魂斷威尼斯》。而新銳女小說家魂斷巴黎的箇中情節與情結，也自有其獨屬於九〇年代的情調與精神。

　　□她正在巴黎跟一位著名的女性主義者研讀精神分析，因為無法挽回女友變心，在巴黎一年一度的同性戀大遊行的當天晚上與女友大吵一架，在次日殉情自殺。自殺的方式是到超市買一把刀，回房間拿刀刺自己的心臟，可能沒有刺準刺到肺部，被室友發現尚未斷氣，但已不能言語。當時她的女友正在返台的飛機途中。

真的是「海外徒聞更九州，他生未卜此生休」。在她死前幾個禮拜，我曾和她長聊過一次，她說：「我是一個很容易早夭和自殺的人，那一天聽到我的死訊，請不要意外。」一語成讖，逝者如斯，憑添一筆「魂斷巴黎」的新聞標題與詩意公式，請不要意外。

　　■請不要意外，這預期中的死訊。逝者如斯，不捨晝夜，留下我們在不捨晝夜的時間之流中，我們也在不捨晝夜的時間之流中留下逝者。像存而不論的括號，我們把逝者放入括號，逝者也把我們放入括號，時間的括號，死亡的括號，存而不論的逝者，存而不論的我們。我們在時間之流中一點一滴的死去，逝者在時間的邊界上永遠的逝去，像突如其來的頓挫，莫名所以，不知所終……

　　□維根斯坦說：「死亡不是一個生命中的事件，死亡從不曾被經歷過。」是的，當我們談論死亡，我們總是在談論別人的死亡。而當死的是我們自己，我們當然也就不再談論死亡。這使人想起當年布袋戲中的首席配角，永遠也死不了的秦假仙一句膾炙人口的名言：「死是死道友，不是死貧道。」維氏之言與秦假仙實有異曲同工之妙。

　　■二十世紀的首席哲學家說：「死亡不是一個生命中的事件。」永遠也死不了的布袋戲首席配角說：「死是死道友，不是死貧道。」而我們一去不返的逝者說：「請不要意外，這預期中的死訊。」一位熱愛電影，始終本著老左派精神參與各種文化活動的老友，在與癌症奮鬥多年之後終於走了；最後一位碩果僅存的新儒家大師終也花果飄零。一個病情惡化已久，一個年事已高，他們的死訊都在預期之中，不算意外。請不要意外，就像人們常說的：早知道會死的，終於死了，總算死了。天啊！這是那門子的黑色

幽默？無法想像我們一去不返的逝者，識或不識的故人，他們是怎樣孤獨來面對自己預期中的死訊？然而，這還不是最不堪的，也許更令他們難以忍受的是，逝去的不僅是他們個人的肉體，更是支撐著他們肉體的一整個時代的精神，老左派的精神與新儒家的精神。而又是一種什麼樣的時代精神在支撐著新銳女小說家，支撐著她身體的行動與書寫，甚至推動著她走向自我毀滅。我們無以名之，只好名之為新新人類精神。

　　□我們怎麼能說一個個人的死亡象徵著一個時代的終結？答案很簡單，因為那個時代的精神早已衰竭死去。某個人的肉體死亡只是喚起人們去意識到那個時代早已一去不返的事實。所以，最令人難以忍受的死訊不僅是肉體上的「早知道會死的！」更是精神上的「原來早已經死了！」

　　■一個時代消逝了，他要存在在那裏呢？一種時代精神死去了，他會變成什麼呢？難道我們真的要當作他從來都不曾存在過？黑格爾的黑色幽默告訴我們，別擔心，上帝會記得他的，他會存在於上帝永恆的觀照中。

　　□電影《月光少年》的最後一幕：變成植物人的少年魂魄和他父母的亡靈在庭院前合影留念，咔嚓一聲，三「人」的影像停格凝止，像一紙風箏緩緩飄向天際，背景音樂悠悠唱起「教我如何不想她」。一個世代消逝了，被所有人遺忘，從所有人的心版上抹去，沒關係，上帝會為他作永恆的停格留影，封存在永恆的記憶檔案中。

　　■一種時代精神死去了，他會變成什麼呢？答案其實極其通俗：他變成鬼，變成陰魂不散的幽靈。像月光少年孤零蒼白的魂魄，出沒在不屬於自己的年代，游離漂泊，四無掛搭。德希達在

某個地方說過，精神者(l'esprit)，幽靈鬼魂之謂也。所有的精神總已經是自我提升的白熱化火焰，是燃盡自己的刼後餘灰，是自我抹消而又抹不去的冥迹。所有的精神總已經是他自己陰魂不散的幽靈，像孤零蒼白的月光少年，游離在無日無夜的陰陽邊界，時間與死亡的臨界點上，既非生，亦非死，既無法存在，也無法不存在，既無法顯影，也無法不顯影，既無法消失，也無法不消失。德希達寫道：「歷史終結之後，精神以一種陰魂不散的方式畫出一個回歸的逝者以及一個幽靈，其被期待的回歸一次又一次地自我重複。」不是復活，不是重生，而僅只陰魂不散，歷史終結之後，所有的時代都已成過去，這個世界不再有屬於自己的時代精神，而成為過去所有時代的幽靈遊盪出沒的幽冥思域。在歷史終結的邊境上，時間與死亡的臨界點上，我們一去不返的逝者也將是永恆回歸的故人，穿梭在許許多多的幽靈間，老馬克思的幽靈，新儒家的幽靈，新新人類的幽靈……。

　　□然而，現在不正是新新人類登場的時代？我們怎麼已在為新新人類的精神招魂點鬼？這正是這個時代的最大弔詭，就如通俗的文藝對白公式：還沒有開始，就已經結束了。新新人類的精神充分體現了解構的幽靈公式：還沒有真正活過，就已成幽靈魅影。

　　■然而，究竟什麼是新新人類？其實新新人類並不是比新人類更新的一種「新人」，而是新人類走過頭了，往後稍退一步，帶點復古懷舊色彩的「故人」。故人，故人，衣不如新，人不如故，新新人類其實並無新意，而只是一個借屍還魂的幽靈魅影，一種奇異的後現代拼貼雜燴的新古典主義。像時空錯置的唐吉訶德，總是要乞靈於某套過氣羅曼史的浪漫公式來界定自己求愛與自我

追尋的平庸一生。從星座血型到日本畸情漫畫，從希臘悲劇小王子與村上春樹，從女性主義到禪七茶藝，在令人目不暇給的「衣不如新」的新潮與復古的流行辯證下，總是縈繞著幾許「人不如故」的淒切無奈召喚。

　　□所有的精神都變成陰魂不散的幽靈，所有的身體都變成行屍走肉。不知道自己變成植物人的月光少年，孤零蒼白的魂魄游離在不屬於自己的年代。他不知道自己已經死了，他不想知道自己已經死了，他無法面對自己已經死了。在那猝不及防的莫名一擊間，在某個無可言喻的創傷事件中，他還來不及面對自己的死亡，就已魂驚魄飛到另一個國度。是的，死亡不是一個生命中的事件，因為死亡是劃過生命之界限的唯一傷口，擊碎生命之整體的唯一事件。我們每個人都是不堪一擊的，我們每個人都來不及面對自己的死亡。猝不及防的莫名一擊，時間與死亡的臨界點，一個不可思議的記憶盲點，使所有陰魂不散的幽靈都變成一種強迫性重複的「症候」，不斷逃避而又不斷返回那無可言喻、無法面對的原始創傷場景……。

　　■一去不返的逝者，永恆回歸的故人；不斷重複創傷記憶的強迫性「症候」，不斷逃避而又不斷回返的月光少年吶喊著：「這不只是真的，這只是在做夢！」幾千年前一個印度阿三就是這樣猛敲自己的頭吶喊著：「這不是真的，這只是在做夢！」把自己敲得滿頭包。「這不是真的，這只是在做夢！」這不是什麼質疑「真實／虛構」云云的窮極無聊的後設小說遊戲，這是人生之真實無可理喻無可承受的痛苦。當痛苦襲來，沒有人可以質疑它的真實性，除了那個滿頭包的印度阿三。我們無法閃躲，我們無法不面對，我們只能希望它不是真的：「這不是真的，這只是在做夢！」

　　□歷史終結之後，天國並未來臨，地獄却仍無所不在。不必等到死後，我們隨時隨地都可以陷入地獄，就在我們這個比以前更為百無聊賴的人間世。小到一個個人，大至一個國家民族，都隨時隨地可以陷入萬劫不復的地獄煎熬。據說老友在死前的幾個月，被蔓延的癌細胞折磨的不成人形，嘴巴牙肉全爛，味覺全失，不能進食，不能呼吸，不能說話，唯一的功能就是插管子輸送食物和氧氣。一個人在完全沒有希望的情況下承受這樣的痛苦煎熬，不是地獄是什麼呢？我們的老友，朋友們都沒有話講的好好先生，這麼早走已夠不公平，為什麼還要在走之前承受這地獄般的煎熬折磨？當人們在承受莫大的痛苦時，常會忍不住自問：這輩子究竟做錯了什麼？如果沒有，那只有更進一步自問：難道是前輩子做錯了什麼？這也許目前流行的輪迴學的唯一意義：為人們無可理喻無可承受的痛苦賦予一個不成理由的理由，不成藉口的藉口。

　　■死亡與輪迴學，世紀末的大眾流行顯學，因為大眾本身已成為一種幽靈般的存在，這個世界已成為魅影幢幢的幽冥鬼域。死亡學與輪迴學無非是幽靈般的大眾不斷逃避自己，逃避這個世界的一種掩飾與投射。然則，未知生，焉知死，既使此生處處充斥著「雖生猶死」的幽靈魅影以及「生不如死」的人間地獄，我們仍須面對此生。「海外徒聞更九州，他生未卜此生休」，我們不需要什麼指向彼岸他生的死亡學與輪迴學，我們需要的是直接逼視此生此世的人間幽靈學與人間地獄學。

　　□「後來呢？」「後來全都死了。」這似乎是所有偉大故事的唯一結局。也許黑格爾黑色幽默的神聖喜劇版會加上一筆：「最後全都死了，最後也全都升天了。」就像《水滸傳》裏常講的：「一佛升

天，二佛涅盤。」最後審判，皆大歡喜。後來呢？全都死了，後來當然就沒有了。這也許是歷史終結的最大問題：一切故事皆已說盡，我們已經沒什麼好說的了。然而，真的什麼也沒的說了？真的沒辦法讓故事再說下去？有的，唯一的辦法就是請出鬼魂幽靈，唯有鬼魂幽靈可以讓「最後全都死了」的故事繼續再說下去。德希達說，精神作為一種鬼魂幽靈的存在，固然可以說總已經死了，但也可以說永遠也不會死。所以，歷史的神聖喜劇結束了，我們還有說不完的鬼話連篇。歷史終結，永恆回歸，我們總已經魂遊在方生方死的陰陽邊境上，穿梭在一去不返的逝者與永恆回歸的故人間。我們早已經死去，我們正在死去，我們永遠也不會死去。我們形同幽靈魅影，游離逃逸在這個無所逃於天地之間的人間世。

■無所逃於天地之間，就像楚浮《四百擊》裏不斷在逃的少年，逃家逃學逃出感化院，最後逃到橫亙的大海前憂然止步：海外徒聞更九州，他生未卜此生休！你逃不了的，你永遠也逃不過此生，永遠也逃不過你想逃的，就像大島渚的《少年》最後還是要回到他那個日本戰後的畸形犯罪家庭。即使此生休矣，即使此生已形同「雖生猶死」的幽靈魅影，已成「生不如死」的人間地獄，你還是逃不了，逃不過這個世界，逃不過如影隨形的他人和你自己。沙特說：他人即是地獄。是的，對新新人類幽靈般的自我而言，他人當然是地獄，但幽靈般的自我本身更是一個地獄，一個自我凌遲的無盡酷刑。自我與他人，新新人類的幽靈與地獄。在新新人類「有我無他」的極度自我中心的自戀自溺中，同時蘊涵著一種「何必有我」的極度自憎自虐。新新人類的自我是沙德侯爵(Sade)和馬梭斯先生(Masoch)奇特的表象綜合體，像一面破碎的自戀

之鏡，讓自我與他人的形象都在鏡中血肉模糊，潰不成形。像一痕與生俱來的先驗傷口，永遠縫合不了，天殘地缺，此恨綿綿。這是新新人類的殘酷與正義，一種受不了的「酷」，受不了的創傷與報復。正義即受創的欲望，所以正義即殘酷，正義即報復，報復自我與他人無始以來的原始創傷經驗。

　　□幽靈，幽靈是唯一殘餘的一個範疇，不僅精神成為幽靈，欲望也成為幽靈。一年一度的同性戀大遊行，恐怕全法國的圈內人都湧向巴黎共襄盛舉。巴士底紀念碑前群賢畢至，眾星雲集。平時隱藏在社會禁忌角落的男男與女女都現身光天化日，在大街人潮花車汽球樂聲中擁吻起舞，高呼欲望萬歲！然而，這真的是一場世紀末欲望解放的嘉年華？為什麼當街擁吻的男男與女女會顯得如此的鬱鬱寡歡，若有所失？為什麼欲望解放的嘉年華還沒有真的狂歡縱浪，已有虛脫耗竭之感？像一部拍濫的阿莫多瓦電影，俗艷有餘，精采不足，幽默全失。

　　■像一部拍濫的阿莫多瓦電影，像《綁上綁下》，因為一種缺乏幽默的濫情偏執。衣不如新，人不如故！她仍愛「她」，但「她」不再愛她。她不相信「她」不再愛她，她相信「她」是在自欺，不敢面對「她」真正的自我。所以她對「她」痛打毒罵，但求能打醒「她」罵醒「她」，激烈煽情的程度更甚瓊瑤連續劇。她拿出「她」過去寫給她的情書，質問「她」信中的山盟海誓都到那裏去了？但不管她願不願意，最後，她還是不得不面對「她」不再愛她的殘酷事實。但是她不甘心，她絕對不能忍受這個事實，問題不在於她不能沒有「她」，而在於「她」怎麼可以在她還愛「她」的時候先不愛她，她對「她」多付出的感情豈不是永遠也收不回來，而「她」卻可以若無其事地和其他人在一起。愛一個人而對方卻不愛你，這是人間最

大的創傷與不義，她不服，她不能就這樣輸了，她無論如何也要扳回一城，她要報復，報復即正義！

　　□畢卡索說：當你一敗塗地的時候，你只剩下你自己。而無論如何也輸不起的新新人類說：不，即使將自己孤注一擲，血本無歸，也決不能一敗塗地。所以她唯有自殺。她的自殺有其策略上的必然性，決非一時的衝動。因為唯有她自殺，才能讓「她」難過一輩子，讓「她」永遠活在她的陰影下，既使和其他人在一起也不可能真的幸福快樂。自殺是她唯一可以反將「她」一軍的最後一招，是她窮畢生之力的最後一擊。新新人類扭轉乾坤的最後一擊，「有我無他」而又「何必有我」的報復邏輯與欲望法則，阿莫多瓦灑狗血的《欲望的法則》。

　　■然則，乾坤一擲，願賭服輸。如果硬是輸不起，那也只好一再重複灑狗血的《欲望的法則》，重複令人不忍卒睹的情殺公式。欲望就是創傷，唯有報以更大的創傷才能為創傷止痛。欲望的法則就是報復的邏輯，既使欲望已成虛脫的幽靈魅影，也要通過報復的精神再活一次，通過強迫性重複的創傷場景作出不可思議的最後一擊。我們每個人都是不堪一擊的，所以我們每個人都在等待窮畢生之力的最後一擊，等待最後一次重複生命之極限的唯一創傷。

　　□還有什麼可說的呢？新新人類以血書寫報復之正義的欲望法則，劍及履及，求仁得仁，夫復何言？既使鬼話連篇，恐怕也有說不下去的時候。看我們所想做的，通過解構的幽靈公式展現出一套新新人類的精神現象學與欲望詮釋學，就像是在拍一部阿莫多瓦的《欲望的法則》，最終也無非是想逼出那令人啞然失笑的最後一幕，將整個令人不忍卒睹的灑狗血情境逆轉過來，轉化為

令人回味無窮的幽默觀照。但這並不容易，阿莫多瓦也沒有幾部電影做得到。而新銳小說家魂斷巴黎的最後一擊更是太劇烈又太古典了，不留任何幽靈觀照的餘地，令人笑不出來，也不知道該如何感慨。

附注：感謝張振宇、蘇旺伸、侯俊明、連淑蕙、鄭在東、于彭、郭振昌、楊仁明等人提供畫作圖片。

國家圖書館出版品預行編目資料

大儒圖：當代形象評論集／路況作．--初版
．--臺北市：萬象，1996〔民 85〕
面；　公分．--(萬象文庫；33)
ISBN 957-669-816-2(平裝)
1.藝術-作品集-臺灣-評論

901.2　　　　　　　　　85004406